앞선 정보 제공! 도서 업데이트

언제, 왜 업데이트될까?

도서의 학습 효율을 높이기 위해 자료를 추가로 제공할 때!
공기업 · 대기업 필기시험에 변동사항 발생 시 정보 공유를 위해!
공기업 · 대기업 채용 및 시험 관련 중요 이슈가 생겼을 때!

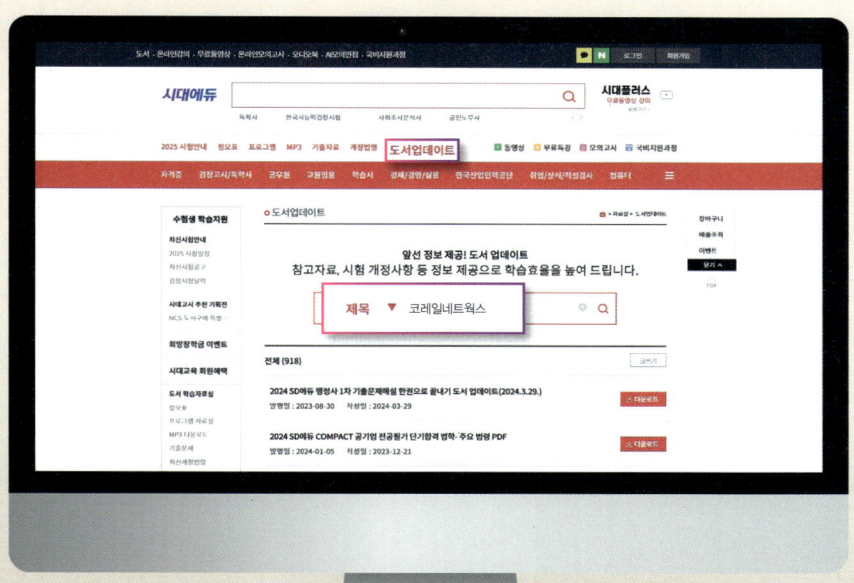

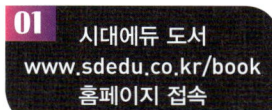
01 시대에듀 도서 www.sdedu.co.kr/book 홈페이지 접속

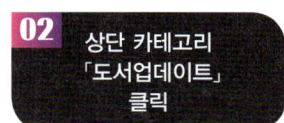
02 상단 카테고리 「도서업데이트」 클릭

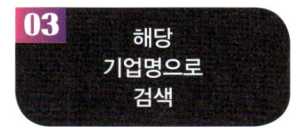
03 해당 기업명으로 검색

참고자료, 시험 개정사항 등 정보 제공으로 **학습효율**을 높여 드립니다.

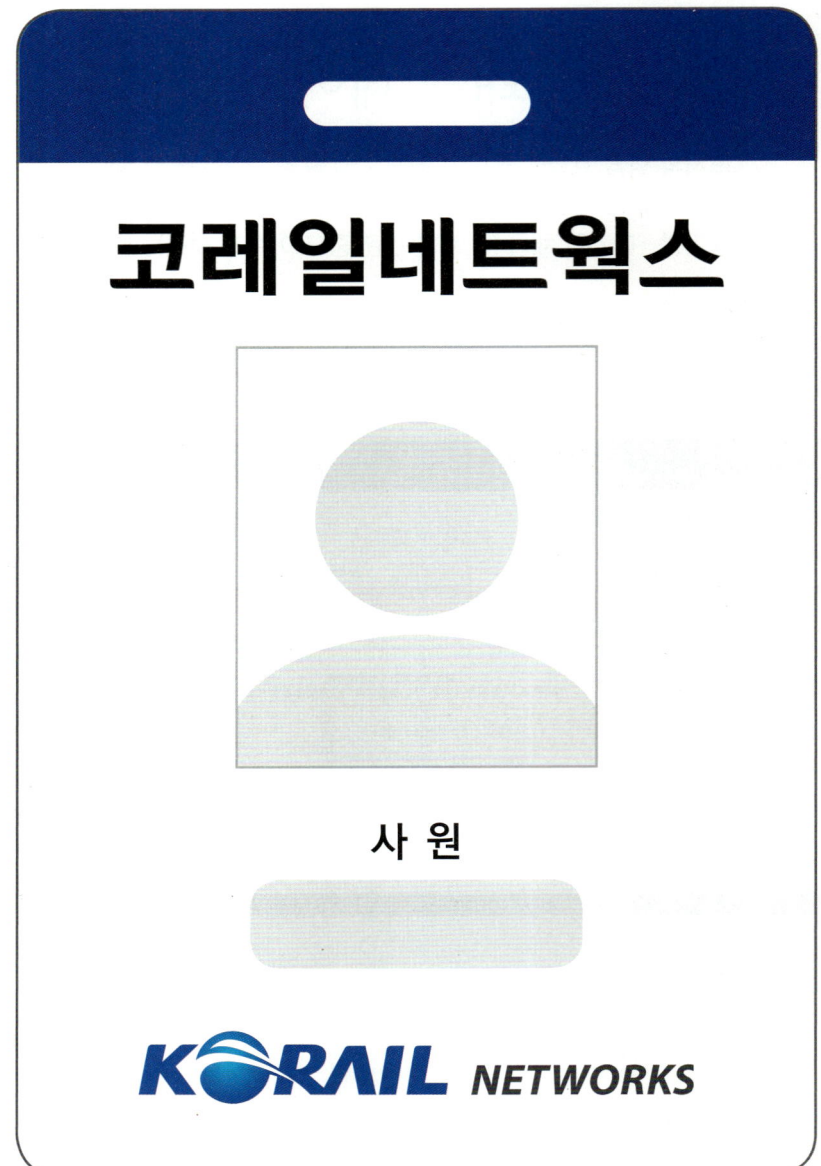

사일 동안
이것만 풀면
다 합격!

코레일네트웍스
NCS + 전공

시대에듀

2026 초신판 시대에듀 All-New 사이다 모의고사
코레일네트웍스 NCS + 전공

Always **with you**

사람의 인연은 길에서 우연하게 만나거나 함께 살아가는 것만을 의미하지는 않습니다.
책을 펴내는 출판사와 그 책을 읽는 독자의 만남도 소중한 인연입니다.
시대에듀는 항상 독자의 마음을 헤아리기 위해 노력하고 있습니다. 늘 독자와 함께하겠습니다.

머리말 PREFACE

한국철도공사의 계열사로 철도역 주차장 운영, 광역철도 역무위탁, 철도승차권 발매, 철도고객센터 운영, 교통카드 사업 등 철도 전반의 공공편의 서비스를 제공하고 있는 코레일네트웍스는 꾸준히 신규직원을 채용하고 있다. 코레일네트웍스의 채용절차는 「입사지원 ➡ 서류전형 ➡ 인적성검사 및 필기전형 ➡ 면접전형 ➡ 최종합격」 순으로 이루어진다. 코레일네트웍스 필기전형은 NCS 기반 직업기초능력과 직무능력시험으로 진행되는데, 그중 직업기초능력은 의사소통능력, 대인관계능력, 문제해결능력, 정보능력, 조직이해능력으로 구성된다. 한편, 영업직을 제외한 일반직은 경영학, 인적자원관리, 생산관리, 마케팅관리, 한국사로 구성된 직무능력시험을 함께 응시하게 된다. 따라서 필기전형에서 고득점을 받기 위해서는 다양한 유형에 대한 폭넓은 학습과 문제풀이 능력을 높이는 등의 철저한 준비가 필요하다.

코레일네트웍스 필기전형 합격을 위해 시대에듀에서는 코레일네트웍스 판매량 1위의 출간경험을 토대로 다음과 같은 특징을 가진 도서를 출간하였다.

도서의 특징

❶ 합격으로 이끌 가이드를 통한 채용 흐름 확인!
• 코레일네트웍스 소개와 최신 시험 분석을 수록하여 채용 흐름을 파악하는 데 도움이 될 수 있도록 하였다.

❷ 기출응용 모의고사를 통한 완벽한 실전 대비!
• 철저한 분석을 통해 실제 유형과 유사한 기출응용 모의고사를 8회분 수록하여 매일 2회씩 풀며 시험 직전 4일 동안 자신의 실력을 점검할 수 있도록 하였다.

❸ 다양한 콘텐츠로 최종 합격까지!
• 온라인 모의고사를 무료로 제공하여 필기전형에 대비할 수 있도록 하였다.
• 모바일 OMR 답안채점/성적분석 서비스를 통해 자동으로 점수를 채점하고 확인할 수 있도록 하였다.

끝으로 본 도서를 통해 코레일네트웍스 채용을 준비하는 모든 수험생 여러분이 합격의 기쁨을 누리기를 진심으로 기원한다.

SDC(Sidae Data Center) 씀

코레일네트웍스 기업분석

◇ **미션**

> **안전하고 편리한** 철도서비스 실현

◇ **비전**

> 철도를 **더 가치** 있게, 국민을 **더 편리**하게

◇ **핵심가치**

고객감동 　국민안전 　지속성장 　동반상생

◇ **사훈**

| 청렴(淸廉) | 존중(尊重) |

◆ **인재상**

주인의식	▶	회사의 주인이라는 의식을 가지고 문제를 해결하고자 최선을 다하는 사람
책임감	▶	매사에 능동적이며 맡은 바 업무를 끝까지 해결하는 열정을 지닌 사람
소통	▶	대화를 통해 동료를 이해하며 구성원의 화합을 이끄는 사람

◆ **심볼**

새로운 한국철도는 21세기 풍요로운 생활문화를 창조하는 철도로서 한국을 대표하는 국제적인 이미지를 'KORAIL'이라는 영문 워드마크로서 커뮤니케이션한다.

푸른 원은 지구를 상징하며, 원을 가로지르는 선(Line)은 고속철도 차량의 형태로 스피드와 첨단의 기술력을 상징화하였고, 철도의 직접적인 이미지를 미래지향적으로 표현하였다. 색상은 푸른색(Blue)을 기본으로 활용하였다.

신입 채용 안내 INFORMATION

◇ 지원자격(공통)

❶ 학력, 성별, 어학, 종교 등의 제한 없음

  ※ 단, 정년 이상인 자는 지원 불가(당해연도 일반직 60세, 영업직 61세)

❷ 코리일네트웍스 인사규정 제13조(채용결격 사유 및 임용취소)에 해당하지 않는 자

❸ 최종합격자 발표일 이후부터 근무 가능한 자

◇ 필기전형

일반직	영업직
NCS 직업기초능력(50점) • 의사소통능력, 대인관계능력, 문제해결능력, 정브능력, 조직이해능력 **직무능력시험(50점)** • 경영학, 인적자원관리, 생산관리, 마케팅관리, 한극사	**NCS 직업기초능력(100점)** • 의사소통능력, 대인관계능력, 문제해결능력, 정보능력, 조직이해능력

◇ 면접전형

구분	세부내용
심사기준	직무 관련 경력, 경험 등 개별역량 평가
면접형태	다대다 면접
선발인원	채용예정 인원의 1배수(예비합격자 2배수)
부적격	평가점수 합산의 평균이 70점 미만 득점자

❖ 위 채용 안내는 2025년 하반기 채용공고를 기준으로 작성하였으므로 세부내용은 확정된 채용공고를 확인하기 바랍니다.

2025년 기출분석 ANALYSIS

총평

코레일네트웍스의 필기전형은 피듈형으로 출제되었다. 평이한 수준의 문제들과 응시시간 대비 적은 문항 수는 수험생들의 부담을 덜 수 있었다. 의사소통능력은 글의 제목 또는 지문에 이어질 문장을 고르는 것과 같은 PSAT형 문제의 비중이 높았다. 대인관계능력, 문제해결능력 등 일부 영역은 사전 지식을 필요로 하는 모듈형 문제가 출제되었지만, 기본 상식으로도 풀어낼 수 있을 정도의 난이도였다. 한편, 정보의 개념 또는 보안 등에 대해 묻는 문제들로 구성된 정보능력에서 변별력이 있었다는 후기가 많았다. 의사소통능력을 제외한 모든 영역에 모듈형 문제가 출제되었으므로 모듈형 문제를 정확하고 빠르게 푸는 연습이 합격 여부를 가르는 데 중요하게 작용하리라 판단된다.

◈ 영역별 출제 비중

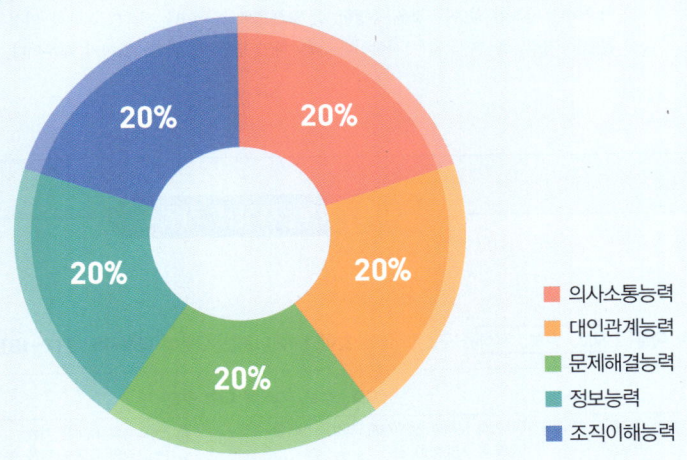

구분	출제 특징	출제 키워드
의사소통능력	• 어휘 문제가 출제됨 • 제시문의 제목 찾기 문제가 출제됨 • 제시문에 이어질 문장 찾기 문제가 출제됨	• 시스템 도입, 물방울의 표면장력, 도시재생
대인관계능력	• 모듈형 문제가 출제됨 • 갈등관리 문제가 출제됨	• 팔로워십, 리더십, 규칙준수
문제해결능력	• 모듈형 문제가 출제됨 • 창의적 사고 문제가 출제됨	• 강제 연상법, 허수아비 공격의 오류, 설득
정보능력	• 모듈형 문제가 출제됨 • 정보이해 문제가 출제됨	• NAS, 보안, 자료/정보/지식
조직이해능력	• 모듈형 문제가 출제됨 • 조직구조 문제가 출제됨	• 브레인라이팅, 공식/비공식조직, 원가우위/차별화

주요 공기업 적중 문제 TEST CHECK

코레일네트웍스

논리적 오류 ▶ 유형

12 다음 상황과 같은 논리적 오류가 나타난 사례는?

> 나는 지난 겨울방학에 이어 이번 여름방학에 알래스카를 다시 방문했는데, 흰 눈과 얼음으로 뒤덮여 있던 내 기억 속의 겨울 알래스카와 전혀 다른 모습이라 당황스러웠어.

① 소크라테스는 독배를 들고 죽은 사람이므로 그의 말은 믿을 것이 못된다.
② 요즘 청소년들의 사고가 많은 걸 보니 청소년들은 전부 문제가 많은 모양이야.
③ 천국이나 지옥이 없다는 것을 증명할 수 없으므로 천국이나 지옥의 존재를 인정해야 한다.
④ 철수는 거짓말을 하지 않는 사람이다. 왜냐하면 항상 진실만을 말하기 때문이다.

자료, 정보, 지식 ▶ 키워드

※ 다음은 자료, 정보, 지식을 구분해 놓은 것이다. 이어지는 질문에 답하시오. [17~18]

〈자료, 정보, 지식에 대한 구분〉

자료 (Data)	⇒	객관적 실제의 반영이며, 그것을 전달할 수 있도록 기호화한 것	⇒	예 • 고객의 휴대폰 기종 • 고객의 휴대폰 활용 횟수
⇩				
정보 (Information)	⇒	자료를 특정한 목적과 문제해결에 도움이 되도록 가공한 것	⇒	예 • 중년층의 휴대폰 기종 • 중년층의 휴대폰 활용 횟수
⇩				
지식 (Knowledge)	⇒	정보를 집적하고 체계화하여 장래의 일반적인 사항에 대비해 보편성을 갖도록 한 것	⇒	예 • 휴대폰 디자인에 대한 중년층의 취향 • 중년층을 주요 타깃으로 신종 휴대폰 개발

17 다음 중 정보(Information)에 대한 사례를 〈보기〉에서 모두 고르면?

〈보기〉
ㄱ 라면 종류별 전체 판매량
ㄴ 1인 가구의 인기 음식
ㄷ 남성을 위한 고데기 개발
ㄹ 다큐멘터리와 예능 시청률
ㅁ 만보기 사용 횟수
ㅂ 5세 미만 아동들의 선호 색상

① ㄱ, ㄷ
② ㄴ, ㄹ
③ ㄴ, ㅂ
④ ㄷ, ㅂ

코레일 한국철도공사

교통사고 ▶ 키워드

※ 다음은 K국의 교통사고 사상자 2,500명에 대해 조사한 자료이다. 이어지는 질문에 답하시오. [3~4]

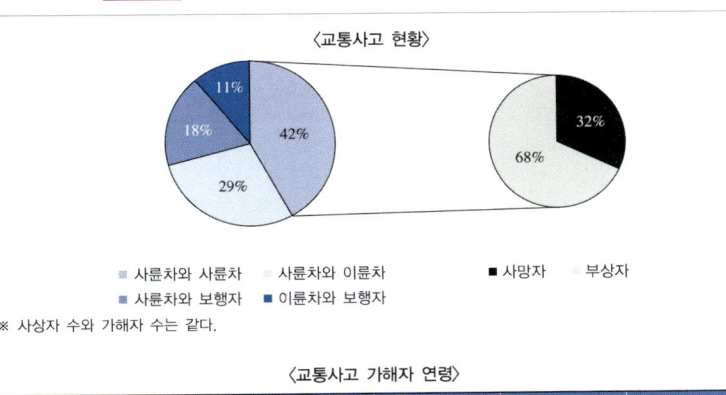

〈교통사고 현황〉

- 사륜차와 사륜차
- 사륜차와 이륜차
- 사륜차와 보행자
- 이륜차와 보행자
- 사망자
- 부상자

※ 사상자 수와 가해자 수는 같다.

〈교통사고 가해자 연령〉

구분	20대	30대	40대	50대	60대 이상
비율	38%	21%	11%	8%	( )

※ 교통사고 가해자 연령 비율의 합은 100%이다.

지하철 요금 ▶ 키워드

※ 수원에 사는 H대리는 가족들과 가평으로 여행을 가기로 하였다. 다음은 가평을 가기 위한 대중교통 수단별 운행요금 및 소요시간과 자가용 이용 시 현황에 대한 자료이다. 이어지는 질문에 답하시오. [26~28]

〈대중교통수단별 운행요금 및 소요시간〉

구분	운행요금			소요시간		
	수원역~서울역	서울역~청량리역	청량리역~가평역	수원역~서울역	서울역~청량리역	청량리역~가평역
기차	2,700원	–	4,800원	32분	–	38분
버스	2,500원	1,200원	3,000원	1시간 16분	40분	2시간 44분
지하철	1,850원	1,250원	2,150원	1시간 03분	18분	1시간 17분

※ 운행요금은 어른 편도 요금이다.

〈자가용 이용 시 현황〉

구분	통행료	소요시간	거리
A길	4,500원	1시간 49분	98.28km
B길	4,400원	1시간 50분	97.08km
C길	6,600원	1시간 49분	102.35km

※ 거리에 따른 주유비는 124원/km이다.

조건

• H대리 가족은 어른 2명, 아이 2명이다.

학습플랜 STUDY PLAN

1일 차 학습플랜 1일 차 기출응용 모의고사

_____월 _____일	
의사소통능력	대인관계능력

문제해결능력	정보능력	조직이해능력

2일 차 학습플랜 2일 차 기출응용 모의고사

_____월 _____일	
의사소통능력	대인관계능력

문제해결능력	정보능력	조직이해능력

3일 차 학습플랜   3일 차 기출응용 모의고사

_____월 _____일	
의사소통능력	대인관계능력

문제해결능력	정보능력	조직이해능력

4일 차 학습플랜   4일 차 기출응용 모의고사

_____월 _____일	
전공 (경영학 / 인적자원관리 / 생산관리 / 마케팅관리)	한국사

취약영역 분석 WEAK POINT

1일 차 취약영역 분석

시작 시간	:	종료 시간	:
풀이 개수	개	못 푼 개수	개
맞힌 개수	개	틀린 개수	개
취약영역 / 유형			
2일 차 대비 개선점			

2일 차 취약영역 분석

시작 시간	:	종료 시간	:
풀이 개수	개	못 푼 개수	개
맞힌 개수	개	틀린 개수	개
취약영역 / 유형			
3일 차 대비 개선점			

3일 차 취약영역 분석

시작 시간	:	종료 시간	:
풀이 개수	개	못 푼 개수	개
맞힌 개수	개	틀린 개수	개
취약영역 / 유형			
4일 차 대비 개선점			

4일 차 취약영역 분석

시작 시간	:	종료 시간	:
풀이 개수	개	못 푼 개수	개
맞힌 개수	개	틀린 개수	개
취약영역 / 유형			
시험일 대비 개선점			

이 책의 차례 CONTENTS

1일 차
기출응용 모의고사

www.sdedu.co.kr

〈문항 및 시험시간〉

평가영역	문항 수	시험시간	모바일 OMR 답안분석	
의사소통능력＋대인관계능력＋ 문제해결능력＋정보능력＋조직이해능력	25문항	40분	제1회	제2회

1일 차 기출응용 모의고사

| 문항 수 : 25문항 |
| 시험시간 : 40분 |

제1회

01 다음 중 밑줄 친 단어와 바꿔 사용할 수 있는 것은?

> 국가대표팀을 이끌었던 감독이 경기를 마친 뒤 선수들을 향한 애정을 드러내 눈길을 끌었다. 감독은 결승 경기 O 후 진행된 인터뷰에서 "선수들이 여기까지 올라온 건 충분히 자긍심을 가질 만한 결과이다."라고 이야기했다. 이어 감독은 동고동락한 선수들과의 일을 <u>떠올리다</u> 감정이 벅차 말을 잇지 못하기도 했다. 한편 경기에서 최선을 다한 선수들을 향한 뜨거운 응원은 계속 이어지고 있다.

① 회상하다

② 연상하다

③ 상상하다

④ 남고하다

⑤ 예상하다

02 A씨 부부는 대화를 하다 보면 사소한 다툼으로 이어지곤 한다. A씨의 아내는 A씨가 자신의 이야기를 제대로 들어주지 않기 때문이라고 생각한다. 다음 사례에서 나타나는 A씨의 경청을 방해하는 습관은?

> A씨의 아내가 A씨에게 직장에서 업무 실수로 상사에게 혼난 일을 이야기하자 A씨는 "항상 일을 진행하면서 꼼꼼하게 확인하라고 했잖아요. 당신이 일을 처리하는 방법이 잘못됐어요. 다음부터는 일을 하기 전에 미리 계획을 세우고 체크리스트를 작성해 보세요."라고 이야기했다. A씨의 아내는 이런 대답을 듣자고 이야기한 것이 아니라며 더 이상 이야기하고 싶지 않다고 말하고는 밖으로 나가 버렸다.

① 짐작하기

② 걸러내기

③ 판단하기

④ 조언하기

⑤ 옳아야만 하기

03 다음 글의 제목으로 가장 적절한 것은?

사회보장제도는 사회구성원에게 생활의 위험이 발생했을 때 사회적으로 보호하는 대응체계를 가리키는 포괄적 용어로, 크게 사회보험, 공공부조, 사회서비스가 있다. 예를 들면 실직자들이 구직활동을 포기하고 다시 노숙자가 되지 않도록 지원하는 것 등이 이에 해당한다.

사회보험은 보험의 기전을 이용하여 일반주민들을 질병, 상해, 폐질, 실업, 분만 등으로 인한 생활의 위협으로부터 보호하기 위하여 국가가 법에 의하여 보험가입을 의무화하는 제도로, 개인적 필요에 따라 가입하는 민간보험과 차이가 있다.

공공부조는 극빈자, 불구자, 실업자 또는 저소득계층과 같이 스스로 생계를 영위할 수 없는 계층의 생활을 그들이 자립할 수 있을 때까지 국가가 재정기금으로 보호하여 주는 일종의 구빈제도이다.

사회서비스는 복지사회를 건설할 목적으로 법률이 정하는 바에 의하여 특정인에게 사회보장 급여를 국가 재정부담으로 실시하는 제도로, 군경, 전상자, 배우자 사후, 고아, 지적 장애아 등과 같은 특별한 사유가 있는 자나 노령자 등이 해당된다.

① 사회보장제도의 의의
② 우리나라의 사회보장제도
③ 사회보장제도의 대상자
④ 사회보장제도와 소득보장의 차이점
⑤ 사회보험제도와 민간보험제도의 차이

04 다음 글의 서술 방식의 특징으로 가장 적절한 것은?

교육센터는 7가지 코스로 구성된다. 먼저, 기초 훈련 코스에서는 자동차 특성의 이해를 통해 안전운전의 기본 능력을 향상시킨다. 자유 훈련 코스는 운전자의 운전 자세 및 공간 지각 능력에 따른 안전 위험 요소를 교육한다. 위험 회피 코스에서는 돌발 상황 발생 시 위험 회피 능력을 향상시키며, 직선 제동 코스에서는 다양한 도로 환경에 적응하여 긴급 상황 시 효과적으로 제동할 수 있도록 교육한다. 빗길 제동 코스에서는 빗길 주행 시 위험 요인을 체득하여 안전운전 능력을 향상시키고, 곡선 주행 코스에서는 미끄러운 곡선 주행에서 안전운전을 할 수 있도록 가르친다. 마지막으로 일반·고속 주행 코스에서는 속도에 따라 발생할 수 있는 다양한 위험 요인의 대처 능력을 향상시켜 방어 운전 요령을 습득하도록 돕는다.

이외에도 친환경 운전 방법 '에코 드라이브'에 대해 교육하는 에코 드라이빙존, 안전한 교차로 통행 방법을 가르치는 딜레마존이 있다. 안전운전의 기본은 운전자의 올바른 운전습관이다. 교통안전 체험교육센터에서 교육만 받더라도 교통사고 발생 확률이 크게 낮아진다.

① 각 구조에 따른 특성을 대조하고 있다.
② 상반된 결과를 통해 결론을 도출하고 있다.
③ 여러 가지를 비교하면서 그 우월성을 논하고 있다.
④ 의견의 타당성을 검증하기 위해 수치를 제시하고 있다.
⑤ 각 구성에 따른 특징과 그에 따른 기대 효과를 설명하고 있다.

05 다음 문장을 논리적 순서대로 바르게 나열한 것은?

> (가) K공사가 개발하고 있는 차세대 CO_2 분리막 기술은 기존의 이산화탄소 포집 기술과 비교하여 이산화탄소 도집비용 및 부지면적을 최대 절반 이하로 줄일 수 있는 혁신적인 기술로 평가된다.
>
> (나) 또한 구조가 간단하고 규모를 쉽게 키울 수 있고, 화학·유해물질 사용이 없어 친환경적이라는 큰 장점을 갖고 있으며, 가스정제 등 타 분야까지 사업화 추진이 가능한 차세대 기술로 기대되고 있다.
>
> (다) 이번에 구축된 분리막 생산 공장은 K공사가 국내 중소기업인 A사가 보유한 분리막 원천기술과 연계하여 국내 최초로 기후변화 대응을 위한 저비용·고효율의 막분리 상용기술을 개발하는 것이다.
>
> (라) 신기후체제 출범에 따라 2030년 국가 온실가스 배출량을 예상치 대비 37% 감축하려는 목표를 위해 전력회사들은 이에 대응하기 위한 기술개발에 한창이며, K공사는 A사와 '차세대 CO_2 분리막 상용화 개발' 협약을 체결하고 총 180억 원의 예산을 투입하여 공동으로 개발하였다.

① (가) – (다) – (라) – (나) ② (가) – (라) – (다) – (나)
③ (라) – (나) – (가) – (다) ④ (라) – (다) – (가) – (나)
⑤ (라) – (다) – (나) – (가)

06 다음 글의 빈칸 ㉠~㉢에 들어갈 단어를 바르게 짝지은 것은?

> 미국의 영웅인 아이젠하워는 2차 세계대전을 승리로 이끌고 미국의 34대 대통령에 당선되었다. 아이젠하워가 말하는 ____㉠____이란 성실하고 고결한 성품 그 자체이다. 그는 "____㉡____이란 잘못된 것에 대한 책임은 ____㉢____이 지고, 잘된 것에 대한 모든 공로는 ____㉣____에게 돌릴 줄 아는 것"이라고 말했다.

	㉠	㉡	㉢	㉣
①	멤버십	멤버십	부하	자신
②	멤버십	리더십	자신	부하
③	리더십	리더십	자신	부하
④	리더십	멤버십	부하	자신
⑤	리더십	관리자	자신	부하

07 A대리는 같은 부서의 B사원 때문에 스트레스를 받고 있다. 빠르게 처리해야 할 업무에 대해 B사원은 항상 꼼꼼하게 검토하고 A대리에게 늦게 보고하기 때문이다. A대리가 B사원의 업무방식에 불만을 표현하자 B사원은 자신의 소심한 성격 때문이라고 대답했다. 다음 중 A대리에게 가장 필요한 역량은?

① 책임감
② 감사한 마음
③ 상호 인정
④ 통제적 리더십
⑤ 헌신의 자세

08 K전자 영업부에 근무하는 A사원은 제품에 대한 불만이 있는 고객의 전화를 받았다. 제품에 문제가 있어 담당부서에 고장수리를 요청했으나 연락이 없어 고객이 화가 많이 난 상태였다. 이때 A사원의 응대로 가장 적절한 것은?

① 고객에게 사과하여 고객의 마음을 진정시키고 전화를 상사에게 연결한다.
② 화를 가라앉히시라고 말하고 그렇지 않으면 전화응대를 하지 않겠다고 한다.
③ 고객의 불만을 듣고 담당부서의 업무가 밀려서 연락을 못한 것이라며 부서를 옹호한다.
④ 고객의 불만을 들어준 후, 고객에게 제품수리에 대해 담당부서로 다시 전화할 것을 권한다.
⑤ 회사를 대표해서 미안하다는 사과를 하고, 고객의 불만을 메모한 후 담당부서에 연락하여 해결해 줄 것을 의뢰한다.

09 다음 사례에서 나타나는 A씨의 협상 방법에 대한 문제점으로 가장 적절한 것은?

> 어느 날 A씨의 두 딸이 오렌지 하나를 가지고 서로 다투고 있었다. A씨는 두 딸에게 오렌지를 공평하게 반쪽으로 나눠주는 것이 가장 좋은 해결책인 듯해서 반으로 갈라 주었다. 하지만 A씨는 두 딸의 행동에 놀라고 말았다. 오렌지의 반쪽을 챙긴 큰 딸은 알맹이는 버리고 껍질만 챙겼으며, 작은 딸은 알맹이만 먹고 껍질은 버린 것이다. 두 딸에게 이유를 물어보니 제빵학원에 다니는 큰 딸은 오렌지 케이크를 만들기 위해 껍질이 필요했던 것이고, 작은 딸은 오렌지 과즙이 먹고 싶어서 알맹이를 원했던 것이다. 결과적으로 A씨의 해결책은 두 딸 모두에게 만족하지 못한 일이 되어 버렸다.

① 협상의 통제권을 확보하지 않았다.
② 협상당사자의 특정 입장만 고집하였다.
③ 협상에 대한 갈등 원인을 확인하지 않았다.
④ 협상당사자에 대해 너무 많은 염려를 하였다.
⑤ 협상당사자들에게 친근하게 다가가지 않았다.

10 다음 중 조직 내 갈등에 대한 설명으로 적절하지 않은 것은?

① 조직 내 갈등은 타협을 통해서도 제거할 수 있다.

② 갈등은 순기능이 될 수 없으므로, 갈등이 없는 상태가 가장 이상적이다.

③ 갈등상황을 형성하는 구성요소로서는 조직의 목표, 구성원의 특성, 조직의 규모, 분화, 의사전달, 권력구조, 의사결정에의 참여의 정도, 보상제도 등이 있다.

④ 회피는 갈등을 일으킬 수 있는 의사결정을 보류하거나 갈등상황에 처한 당사자들이 접촉을 피하도록 하는 것 또는 갈등행동을 억압하는 것이다.

⑤ 갈등은 직무의 명확한 규정, 직위 간 관계의 구체적 규정, 직위에 적합한 인원의 선발 및 훈련 등을 통해서 제거할 수 있다.

11 다음과 같은 특징을 가지고 있는 창의적 사고 개발 방법은?

> 일정한 주제에 관하여 회의를 하고, 참가하는 인원이 자유발언을 통해 아이디어를 제시하는 것으로 다른 사람의 발언에 비판하지 않는다.

① 스캠퍼 기법   ② TRIZ

③ Logic Tree 기법   ④ 브레인스토밍

⑤ 여섯 가지 색깔 모자

12 다음 사례에서 나타나는 갑의 인지적 오류 유형에 대한 설명으로 가장 적절한 것은?

> 몇 년 전까지도 높은 매출을 올렸던 여행사가 코로나19 이후 지속되는 재정 문제에 부딪히면서 직원들을 해고하게 되었다. 회사의 위기에 어쩔 수 없는 외부 요인이 있었음에도 불구하고 여행사 직원인 갑은 자신이 이러한 상황을 예상하지 못했고, 적절한 조처를 하지 못했다는 생각에 괴로워했다. 결국 모두 자신의 잘못이며, 자신은 회사에 도움이 되지 않는 사람이라고 생각하게 되었다.

① 충분한 근거 없이 다른 사람의 마음을 추측하고 단정한다.

② 충분한 근거 없이 미래에 일어날 일을 단정하고 확신한다.

③ 자신과 무관한 사건을 자신과 관련된 것으로 잘못 해석한다.

④ 한두 번의 사건에 근거하여 일반적인 결론을 내리고, 그것과 무관한 상황에도 그 결론을 적용한다.

⑤ 상황의 주된 내용은 무시하고, 특정한 일부의 정보에만 주의를 기울여 전체의 의미를 해석하고 있다.

13 다음 사례에서 나타나는 논리적 오류는?

〈사례〉

A : 어제 귀신과 싸워서 이겼어.
B : 귀신이 있어야 귀신과 싸우지.
A : 내가 봤다니까. 귀신 없는 거 증명할 수 있어?

① 인신공격의 오류　　　　　　　② 무지에 호소하는 오류
③ 거짓 딜레마의 오류　　　　　　④ 대중에 호소하는 오류
⑤ 성급한 일반화의 오류

14 다음 중 문제를 해결할 때 필요한 분석적 사고에 대한 설명으로 가장 적절한 것은?

① 가설 지향의 문제는 기대하는 결과를 명시하고 효과적인 달성 방법을 사전에 구상하고 실행에 옮겨야 한다.
② 사실 지향의 문제는 현상 및 원인분석 전에 지식과 경험을 바탕으로 일의 과정이나 결과, 결론을 가정한 다음 검증 후 사실일 경우 다음 단계의 일을 수행해야 한다.
③ 전체를 각각의 요소로 나누어 그 요소의 의미를 도출한 다음 우선순위를 부여하고 구체적인 문제해결 방법을 실행하는 것이 요구된다.
④ 성과 지향의 문제는 일상 업무에서 일어나는 상식, 편견을 타파하여 사고와 행동을 객관적 사실로부터 시작해야 한다.
⑤ 개별 요소가 나타나는 문제의 해결보다는 조직의 분위기에 부합하는 방향으로만 문제해결 방안을 수립해야 한다.

15 제시된 명제가 모두 참일 때, 다음 중 반드시 참인 것은?

• 물을 녹색으로 만드는 조류는 냄새 물질을 배출한다.
• 독소 물질을 배출하는 조류는 냄새 물질을 배출하지 않는다.
• 물을 황색으로 만드는 조류는 물을 녹색으로 만들지 않는다.

① 냄새 물질을 배출하지 않는 조류는 물을 황색으로 만들지 않는다.
② 냄새 물질을 배출하는 조류는 독소 물질을 배출한다.
③ 독소 물질을 배출하지 않는 조류는 물을 녹색으로 만든다.
④ 독소 물질을 배출하는 조류는 물을 녹색으로 만들지 않는다.
⑤ 물을 녹색으로 만들지 않는 조류는 냄새 물질을 배출하지 않는다.

16 다음 중 정보의 가공 및 활용에 대한 설명으로 옳지 않은 것은?

① 정보는 원형태 그대로 혹은 가공하여 활용할 수 있다.

② 비디으테이프에 저장된 영상정보는 동적정보에 해당한다.

③ 수집된 정보를 가공하여 다른 형태로 재표현하는 방법도 가능하다.

④ 동적정보는 입수하여 처리 후에는 해당 정보를 즉시 폐기해도 된다.

⑤ 정적정보의 경우, 이용한 이후에도 장래활용을 위해 정리하여 보존한다.

17 다음은 데이터베이스에 대한 설명이다. 빈칸 ㉠, ㉡에 들어갈 말을 바르게 짝지은 것은?

파일시스템에서 하나의 파일은 독립적이고 어떤 업무를 처리하는 데 필요한 모든 정보를 가지고 있다. 파일도 데이터의 집합이므로 데이터베이스라고 볼 수도 있으나 일반적으로 데이터베이스라 함은 _____㉠_____을 의미한다. 따라서 사용자는 여러 개의 파일에 있는 정보를 한 번에 검색해 볼 수 있다. 데이터베이스 관리시스템은 데이터와 파일, 그들의 관계 등을 생성하고 유지하고 검색할 수 있게 해 주는 소프트웨어이다. 반면에 파일관리시스템은 _____㉡_____에 대해서 생성, 유지, 검색을 할 수 있는 소프트웨어이다.

	㉠	㉡
①	여러 개의 연관된 파일	한 번에 한 개의 파일
②	여러 개의 연관된 파일	한 번에 복수의 파일
③	여러 개의 독립된 파일	한 번에 복수의 파일
④	여러 개의 독립된 파일	한 번에 한 개의 파일
⑤	여러 개의 독립된 파일	여러 개의 연관된 파일

18 다음 중 4차 산업혁명의 적용사례로 옳지 않은 것은?

① 인터넷에서 정보를 교환하는 시스템으로, 하이퍼텍스트 구조를 활용해서 인터넷상의 정보들을 연결해 준다.

② 인터넷 서버에 데이터를 저장하고 여러 IT 기기를 사용해 언제 어디서든 이용할 수 있는 컴퓨팅 환경에서는 자신의 컴퓨터가 아닌 인터넷으로 연결된 다른 컴퓨터로 정보를 처리할 수 있다.

③ 농사 기술에 ICT를 접목한 농장에서는 농작물 재배 시설의 온도·습도·햇볕량·토양 등을 분석하고, 그 결과에 따라 기계 등을 작동하여 적절한 상태로 변화시킨다.

④ 사물에 센서를 부착해 실시간으로 데이터를 인터넷으로 주고받는 환경에서는 세상의 모든 유형·무형 객체가 연결되어 새로운 서비스를 제공한다.

⑤ 주로 경화성 소재를 사용하고, 3차원 모델링 파일을 출력 소스로 활용하여 프린터로 입체 모형의 물체를 뽑아낸다.

19 다음은 기획안을 제출하기 위한 정보수집 전에 어떠한 정보를 어떻게 수집할지에 대한 '정보의 전략적 기획'의 사례이다. A사원이 필요한 정보로 옳지 않은 것은?

> K전자의 A사원은 상사로부터 세탁기 신상품에 대한 기획안을 제출하라는 업무를 받았다. 먼저 A사원은 기획안을 작성하기 위해 자신에게 어떠한 정보가 필요한지를 생각해 보았다. 개발하려는 세탁기 신상품의 컨셉은 중년층을 대상으로 한 실용적이고 경제적이며 조작하기 쉬운 것을 대표적인 특징으로 삼고 있다.

① 데이터베이스로부터 성별로 세탁기 선호 디자인에 대한 정보가 필요하다.

② 현재 세탁기를 사용하면서 불편한 점은 무엇인지에 대한 정보가 필요하다.

③ 기존에 세탁기를 구매한 고객들의 데이터베이스로부터 정보가 필요할 수도 있다.

④ 고객들의 세탁기에 대한 부담 가능한 금액은 얼마인지에 대한 정보도 필요할 것이다.

⑤ 데이터베이스를 통해 중년층이 선호하는 디자인이나 색은 무엇인지에 대한 정보도 있으면 좋을 것이다.

20 다음 중 정보화 사회에 대한 설명으로 옳은 것은?

① 정보화 사회에서는 정보의 다양한 특성 중 기술적 실효성이 가장 강조된다.

② 정보화 사회의 심화는 새로운 분야에서 국가 간 갈등을 야기해 세계화를 저해한다.

③ 정보화 사회가 진전됨에 따라 지식과 정보의 증가량 및 변화 속도는 더욱 증가할 것이다.

④ 정보화 사회에서는 체계화된 정보관리주체들이 존재하므로 개인들의 정보관리 필요성이 낮아진다.

⑤ 지식정보 관련 산업이 핵심 산업이 되면서, 물질이나 에너지 산업의 부가가치 생산성은 저하되고 있다.

21 K사는 해외 시장 개척을 앞두고 기존의 조직 구조를 개편할 예정이다. 다음 중 K사가 추가해야 할 조직으로 옳지 않은 것은?

> K사는 몇 년 전부터 자체 기술로 개발한 제품의 판매 호조로 인해 기대 이상의 수익을 창출하게 되었다. 경쟁업체들이 모방할 수 없는 독보적인 기술력을 앞세워 국내 시장을 공략한 결과, 이미 더 이상의 국내 시장 경쟁자들은 없다고 할 만큼 탄탄한 시장 점유율을 확보하였다. 이러한 K사의 사장은 올 초부터 해외 시장 진출의 꿈을 갖고 필요한 자료를 수집하기 시작하였다. 충분한 자금력을 확보한 K사는 우선 해외 부품 공장을 인수한 후 현지에 생산 기지를 건설하여 국내에서 생산되는 물량의 절반 정도를 현지로 이전하여 생산하고, 이를 통한 물류비 절감으로 주변국들부터 시장을 넓혀가겠다는 야심찬 계획을 가지고 있다. 한국 본사에서는 내년까지 4 ~ 5곳의 해외 거래처를 더 확보하여 지속적인 해외 시장 개척에 매진한다는 중장기 목표를 대내외에 천명해 둔 상태이다.

① 해외관리팀　　　　　　　　　　　② 기업회계팀

③ 외환업무팀　　　　　　　　　　　④ 국제법무팀

⑤ 통관물류팀

22 경영이 어떻게 이루어지느냐에 따라 조직의 생사가 결정된다고 할 만큼 경영은 조직에 있어서 핵심적인 역할을 한다. 다음 중 경영 전략을 추진하는 과정에 대한 설명으로 옳지 않은 것은?

① 경영 전략은 조직 전략, 사업 전략, 부문 전략으로 분류된다.

② 전략 목표는 비전과 미션으로 구분되는데, 둘 다 있어야 한다.

③ 환경 분석을 할 때는 조직의 내부환경뿐만 아니라 외부환경에 대한 분석도 필수이다.

④ 경영 전략이 실행됨으로써 세웠던 목표에 대한 결과가 나오는데, 그것에 대한 평가 및 피드백 과정도 생략되어서는 안 된다.

⑤ '환경 분석 → 전략 목표 설정 → 경영 전략 도출 → 경영 전략 실행 → 평가 및 피드백'의 과정을 거쳐 이루어진다.

23 다음 중 대학생인 지수의 일과를 통해 알 수 있는 사실로 옳은 것은?

지수는 화요일에 학교 수업, 아르바이트, 스터디, 봉사활동 등을 한다.
다음은 지수의 화요일 일과이다.
• 지수는 오전 11시부터 오후 4시까지 수업이 있다.
• 수업이 끝나고 학교 앞 프랜차이즈 카페에서 아르바이트를 3시간 동안 한다.
• 아르바이트를 마친 후 NCS 공부를 하기 위해 스터디를 2시간 동안 한다.

① 공식조직에서 9시간 있었다.

② 영리조직에서 2시간 있었다.

③ 비공식적이면서 비영리조직에서 3시간 있었다.

④ 비공식적이면서 소규모조직에서 3시간 있었다.

⑤ 비영리조직이면서 대규모조직에서 5시간 있었다.

24 업무배정에 대한 설명으로 옳지 않은 것을 〈보기〉에서 모두 고르면?

> **보기**
>
> ㄱ. 조직의 업무는 반드시 직책에 따라 사전에 업무분장이 이루어진 대로 수행되어야 한다.
> ㄴ. 근속연수는 구성원 개인이 조직 내에서 책임을 수행하고 권한을 행사하는 기반이 된다.
> ㄷ. 동시간대에 수행하여야 하는 업무들은 하나의 업무로 통합하여 수행하는 것이 효율적이다.
> ㄹ. 직위에 따라 수행해야 할 일정 업무가 할당되고, 그 업무를 수행하는 데 필요한 권한과 책임이 부여된다.

① ㄱ, ㄴ   ② ㄱ, ㄷ

③ ㄴ, ㄷ   ④ ㄴ, ㄹ

⑤ ㄴ, ㄷ, ㄹ

25 경영 활동을 이루는 구성요소를 감안할 때, 다음 중 경영 활동을 수행하고 있는 내용으로 옳지 않은 것은?

① 영화 촬영을 앞두고 시나리오와 제작 콘셉트를 회의하기 위해 모인 감독 및 스태프와 출연 배우들

② 자발적인 참여로 뜻을 같이한 동료들과 함께 매주 어려운 이웃을 찾아다니며 봉사활동을 펼치고 있는 김씨

③ 교육지원대대장으로서 사병들의 교육이 원활히 진행될 수 있도록 훈련장 관리와 유지에 최선을 다하고 있는 ㅂ대령과 참모진

④ 다음 시즌 우승을 목표로 해외 전지훈련에 참여하여 열심히 구슬땀을 흘리고 있는 선수단과 이를 운영하는 구단 ㅈ원들

⑤ 대기업을 그만두고 가족들과 함께 조그만 무역회사를 차려 손수 제작한 밀짚 가방을 동남아로 수출하고 있는 ㅇ씨

01 다음 글에 이어질 내용으로 가장 적절한 것은?

> 테레민이라는 악기는 손을 대지 않고 연주하는 악기이다. 이 악기를 연주하기 위해 연주자는 허리 높이쯤에 위치한 상자 앞에 선다. 연주자의 오른손은 상자에 수직으로 세워진 안테나 주위에서 움직인다. 오른손의 엄지와 집게손가락으로 고리를 만들고 손을 흔들면서 나머지 손가락을 하나씩 펴면 안테나에 손이 닿지 않고서도 음이 들린다. 이때 들리는 음은 피아노 건반을 눌렀을 때 나는 것처럼 정해진 음이 아니고 현악기를 연주하는 것과 같은 연속음이며, 소리는 손과 손가락의 움직임에 따라 변한다. 왼손은 손가락을 펼친 채로 상자에서 수평으로 뻗은 안테나 위에서 서서히 오르내리면서 소리를 조절한다.
>
> 오른손으로는 수직 안테나와의 거리에 따라 음고(音高)를 조절하고 왼손으로는 수평 안테나와의 거리에 따라 음량을 조절한다. 따라서 오른손과 수직 안테나는 음고를 조절하는 회로에 속하고 왼손과 수평 안테나는 음량을 조절하는 또 다른 회로에 속한다. 이 두 회로가 하나로 합쳐지면서 두 손의 움직임에 따라 음고와 음량을 변화시킬 수 있다.
>
> 어떻게 테레민에서 다른 음고의 음이 발생되는지 알아보자. 음고를 조절하는 회로는 가청주파수 범위 바깥의 주파수를 갖는 서로 다른 두 개의 음파를 발생시킨다. 이 두 개의 음파 사이에 존재하는 주파수의 차이값에 의해 가청주파수를 갖는 새로운 진동이 발생하는데 그것으로 소리를 만든다. 가청주파수 범위 바깥의 주파수 중 하나는 고정된 주파수를 갖고 다른 하나는 연주자의 손 움직임에 따라 주파수가 바뀐다. 이렇게 발생한 주파수의 변화에 의해 진동이 발생되고 이 진동의 주파수는 가청주파수 범위 내에 있기 때문에 그 진동을 증폭시켜 스피커로 보내면 소리가 들린다.

① 수직 안테나에 손이 닿으면 소리가 발생하는 원리
② 왼손의 손가락의 모양에 따라 음고가 바뀌는 원리
③ 수평 안테나와 왼손 사이의 거리에 따라 음량이 조절되는 원리
④ 음고를 조절하는 회로에서 가청주파수의 진동이 발생하는 원리
⑤ 오른손 손가락으로 가상의 피아노 건반을 눌러 음량을 변경하는 원리

02 다음 글의 빈칸에 들어갈 내용으로 가장 적절한 것은?

> 힐링(Healing)은 사회적 압박과 스트레스 등으로 손상된 몸과 마음을 치유하는 방법을 포괄적으로 일컫는 말이다. 우리보다 먼저 힐링이 정착된 서구에서는 질병 치유의 대체 요법 또는 영적·심리적 치료 요법 등을 지칭하고 있다. 국내에서도 최근 힐링과 관련된 갖가지 상품이 유행하고 있다. 간단한 인터넷 검색을 통해 수천 가지의 상품을 확인할 수 있을 정도이다. 종교적 명상, 자연 요법, 운동 요법 등 다양한 형태의 힐링 상품이 그 예이다. 심지어 고가의 힐링 여행이나 힐링 주택 등의 상품도 나오고 있다. 그러나 _____ 우선 명상이나 기도 등을 통해 내면에 눈뜨고, 필라테스나 요가를 통해 육체적 건강을 회복하여 자신감을 얻는 것부터 출발할 수 있다.

① 자신을 진정으로 사랑하는 법을 알아야 할 것이다.
② 힐링이 먼저 정착된 서구의 힐링 상품들을 참고해야 할 것이다.
③ 이러한 상품들의 값이 터무니없이 비싸다고 느껴지지는 않을 것이다.
④ 무엇이든 지나치면 독이 되며, 힐링에도 정도가 있다는 것을 알아야 한다.
⑤ 많은 돈을 들이지 않고서도 쉽게 할 수 있는 일부터 찾는 것이 좋을 것이다.

03 다음 글의 빈칸 ㉠ ~ ㉢에 들어갈 접속어를 바르게 짝지은 것은?

> 맥주의 맛을 유지하는 데에는 거품의 역할이 중요하다. 맥주의 거품은 맥아와 홉이 효모 발효 과정에서 발생하는 탄산가스와 결합하면서 만들어진다. 콜라 등 일반 탄산음료 내의 탄산가스는 음료를 잔에 따르는 과정에서 바로 공기 중으로 날아간다. ㉠ 맥주 내의 탄산가스는 공기 중으로 바로 날아가지 않는다. ㉡ 맥아의 단백질과 홉의 폴리페놀이 거품을 이루어 탄산가스를 둘러싸면서 탄산가스가 공기 중으로 날아가는 것을 막아주기 때문이다. ㉢ 맥주의 거품은 맥주와 공기 사이에서 둘의 접촉을 막아 탄산이 지속적으로 올라올 수 있게 돕기도 한다.

	㉠	㉡	㉢
①	그러나	그리고	한편
②	그러나	왜냐하면	또한
③	그러므로	왜냐하면	그러나
④	그러므로	그러나	그래서
⑤	즉	그러나	그런데

04 다음 글의 주제로 가장 적절한 것은?

> 빅데이터는 스마트 팩토리 등 산업 현장 및 ICT 소프트웨어 설계 등에 주로 활용되어 왔다. 유통이나 물류 업계의 '콘텐츠가 대량으로 이동하는 현장'에서는 주로 데이터가 발생하면 이를 분석하고 활용하는 쪽으로 사용됐다. 이제는 다양한 영역에서 빅데이터의 적용이 빨라지고 있다. 대표적인 사례가 금융권이다. 국내의 은행들은 현재 빅데이터 스타트업 회사를 상대로 대규모 투자에 나서고 있다. 뉴스와 포털 등 현존하는 데이 터를 확보하여 금융 키워드 분석에 활용하기 위해서이다. 의료업계도 마찬가지이다. 정부는 바이오헬스 산업 의 혁신전략을 통해 연구개발 투자를 4조 원 이상으로 확대하겠다고 밝혔으며, 빅데이터와 인공 지능 등을 연계한 다양한 로드맵을 준비하고 있다. 벌써 의료 현장에 빅데이터 전략을 구사하고 있는 병원도 다수이다. 한편, 국세청의 빅데이터에 대한 관심도 높아지는 추세이다. 빅데이터 플랫폼 인프라 구축을 끝내고, 50명 규모의 빅데이터 센터를 가동하기 시작했다. 또한 조세 행정에서 빅데이터를 통해 탈세를 예방·적발하는 등 다양한 쓰임새를 고민하고 있다.

① 빅데이터의 종류　　　　　　　　　② 빅데이터의 정의와 장·단점
③ 빅데이터의 한계　　　　　　　　　④ 빅데이터의 다양한 활용 방안
⑤ 빅데이터의 중요성

05 다음은 새로 부임한 김과장에 대한 직원들의 대화 내용이다. 키슬러의 대인관계 의사소통에 따를 때, 김과장 에게 해줄 조언으로 가장 적절한 것은?

> 직원 A : 최과장님이 본사로 발령 나시면서 홍보팀에 과장님이 새로 부임하셨다며. 어떠셔? 계속 지방에 출 장 중이어서 이번에 처음 뵙는데 궁금하네.
>
> 직원 B : 김과장님? 음. 되게 능력이 있으시다고 들었어. 회사에서 상당한 연봉을 제시해 직접 스카우트했 다고 들었거든. 근데 직원들에게 관심이 너무 많으셔.
>
> 직원 C : 맞아. 최과장님은 업무를 지시하시고 나서는 우리가 보고할 때까지 아무 간섭 안 하시고 보고 후에 피드백을 주셔서 일하는 중에는 부담이 덜했잖아. 근데 새로 온 김과장님은 업무 중간 중간에 어디 까지 했냐? 어떻게 처리되었냐? 이렇게 해야 한다. 저렇게 해야 한다. 계속 말씀하셔서 너무 눈치 보여. 물론 바로바로 피드백을 받을 수 있어 수정이 수월하긴 하지만 말이야.
>
> 직원 B : 맞아. 그것도 그거지만 회식 때마다 이전 회사에서 했던 프로젝트에 대해 계속 자랑하셔서 나는 이제 그 대사도 외울 지경이야. 물론 김과장님의 능력이 출중하다는 건 우리도 알기는 하지만 ….

① 자신만 생각하지 마시고, 타인에게 관심을 갖고 배려해 주세요.
② 타인에 대한 높은 관심과 인정받고자 하는 욕구는 낮출 필요성이 있어요.
③ 인정이 많으신 것은 좋으나 직원들의 요구를 적절하게 거절할 필요성이 있어요.
④ 독단적으로 결정하시면 대인 갈등을 겪으실 수도 있으니 직원들과의 상의가 필요합니다.
⑤ 직원들과 어울리지 않으시고 혼자 있는 것만 선호하시면 대인관계를 유지하기 어려워요.

06 다음 중 효과적인 팀의 특성으로 가장 적절한 것은?

① 결과에 초점을 맞춘다.
② 주관적인 결정을 내린다.
③ 의견의 불일치를 배제한다.
④ 구성원 간의 의존도가 높지 않다.
⑤ 갈등의 존재를 개방적으로 다루지 않는다.

07 A대리는 본인을 잘 따르며 업무 성과도 높은 입사 후배 B사원에게 자주 점심을 사준다. 그러나 이러한 상황이 반복되자 점심을 먹을 때마다 B사원은 절대 돈을 낼 생각이 없어 보인다. A대리는 후배에게 밥을 사주는 것이 싫은 것은 아니지만 매일 B사원의 몫까지 점심값을 내려니 곤란한 것이 사실이다. 이때 A대리가 취할 행동으로 가장 적절한 것은?

① B사원에게 솔직한 심정을 말하여 문제를 해결해 보고자 한다.
② 앞으로는 입사 선배이자 상사인 C과장에게 밥을 얻어먹기로 한다.
③ B사원을 개인적으로 불러 혼을 내고 다시는 밥을 같이 먹지 않는다.
④ 선배가 후배에게 밥을 얻어먹기는 부끄러우므로 앞으로도 계속해서 밥을 산다.
⑤ B사원에게 지금까지 사준 밥을 다 얻어먹겠다는 생각으로 한 턱 쏘라고 이야기한다.

08 협상 전략에 대한 설명으로 적절하지 않은 것을 〈보기〉에서 모두 고르면?

> **보기**
>
> ㄱ. 상대방과의 협상 이외의 방법으로 쟁점 해결을 위한 대안이 존재하는 경우 회피전략을 사용할 수 있다.
> ㄴ. Win-Lose전략은 상대방과 상호 간에 신뢰가 두텁고, 상대에 비해 협상력이 열위에 있는 경우에 효과적이다.
> ㄷ. 유화전략은 협상의 결과로 인한 이득보다 상대방과의 우호적 관계를 통해 협력관계를 이어가는 것을 중시하는 전략이다.
> ㄹ. 협상 과정에서 개발된 대안들에 대해 협상 참여자들이 공동으로 평가하는 것은 유화전략의 한 형태이다.

① ㄱ, ㄴ
② ㄱ, ㄷ
③ ㄴ, ㄷ
④ ㄴ, ㄹ
⑤ ㄷ, ㅌ

09 다음과 같은 특징을 가진 리더십 유형은?

> • 리더는 조직 구성원들 중 한 명일 뿐이다. 그는 물론 다른 조직 구성원들보다 경험이 더 풍부하겠지만 다른 구성원들보다 더 비중 있게 대우받아서는 안 된다.
> • 집단의 모든 구성원은 의사결정 및 팀의 방향을 설정하는 데 참여한다.
> • 집단의 모든 구성원은 집단의 행동의 성과 및 결과에 대해 책임을 공유한다.

① 독재자 유형
② 변혁적 유형
③ 파트너십 유형
④ 자유방임적 유형
⑤ 민주주의에 근접한 유형

10 K은행의 행원인 귀하는 새로 입사한 A가 은행 업무에 잘 적응할 수 있도록 근무 지도를 하고 있다. 다음 상황을 토대로 귀하가 A에게 지도할 사항으로 적절하지 않은 것은?

> A : 안녕하십니까? 고객님. 어떤 업무를 도와드릴까요?(자리에서 앉아 컴퓨터 모니터를 응시한 채로 고객을 반김)
> 고객 : 지난 한 달간 제가 거래한 내역이 필요해서요. 발급이 가능한가요?
> A : 네, 지난 한 달간 은행 입출금 거래내역서 발급을 도와드리겠습니다. 신분증을 확인할 수 있을까요?
> 고객 : 여기 있습니다.
> A : 네, 감사합니다(응대용 접시에서 신분증만 회수함). 1월 1일부터 1월 30일까지 거래내역을 조회해 드리면 될까요?
> 고객 : 네. 그리고 체크카드 신청도 ….
> A : 우선 먼저 요청하신 거래내역서를 발급해 드리고 다른 업무를 도와드리겠습니다.
> 고객 : 알겠습니다.
> A : (거래내역서 인쇄 중) 거래내역서 발급 시에는 2천 원의 수수료가 발생합니다.

① 고객과 대화할 때에는 고객의 말을 끊지 않도록 합니다.
② 고객이 다가오면 하는 일을 멈추고 고객을 응시하여야 합니다.
③ 고객을 맞이할 때에는 되도록이면 자리에서 일어나 밝은 모습으로 반기도록 합니다.
④ 업무에 필요한 고객의 물품을 가져갈 때에는 응대용 접시와 함께 회수하도록 합니다.
⑤ 업무 처리와 관련하여 고객이 알아야 할 모든 사항은 업무가 완료된 후에 전달해야 합니다.

11 다음 중 논리적 사고에 대한 설명으로 가장 적절한 것은?

① 행동을 하고 생각하게 한다.
② 주위를 설득하는 일이 어렵다.
③ 다른 사람을 공감시키기 어렵다.
④ 짧은 시간에 사고를 할 수 있다.
⑤ 직장생활에서 요구되는 능력으로 볼 수 없다.

12 다음 중 최근에 많이 사용되고 있는 퍼실리테이션 문제해결 방법에 대한 설명으로 적절하지 않은 것은?

① 구성원의 동기뿐만 아니라 팀워크도 한층 강화되는 특징을 보인다.
② 제3자가 합의점이나 줄거리를 준비해놓고 예정대로 결론을 도출한다.
③ 어떤 그룹이나 집단이 의사결정을 잘하도록 도와주는 일을 의미한다.
④ 주제에 대한 공감을 이룰 수 있도록 능숙하게 도와주는 역할을 한다.
⑤ 깊이 있는 커뮤니케이션을 통해 서로의 문제점을 이해하고 공감함으로써 창조적인 문제해결을 도모한다.

13 다음 대화에서 나타난 오류와 동일한 오류를 저지른 사례로 가장 적절한 것은?

> 의사 : 음주와 흡연은 고혈압과 당뇨를 유발할 수 있으니 조절하십시오.
> 환자 : 에이, 의사 선생님도 술, 담배 하시잖아요.

① 저와 오랜 시간을 함께한 선생님은 제 의견에 동의하셔야 합니다.
② 재은이는 오늘도 늦게 올 거야. 지난번 약속에는 30분이나 늦었거든.
③ 이 카메라는 정형외과 전문의가 사용하는 제품이라 믿고 구매할 수 있었어.
④ 나를 거짓말쟁이라 비난하는 당신은 단 한 번의 거짓말도 한 적이 없습니까?
⑤ 저는 학생에게서 돈을 빼앗지 않았습니다. 제가 돈을 뺏는 걸 본 사람이 없는걸요.

14 다음 사례를 통해 유과장이 최대리에게 건넬 수 있는 조언으로 적절하지 않은 것은?

> 최대리는 오늘도 기분이 별로다. 팀장에게 오전부터 싫은 소리를 들었기 때문이다. 늘 하던 일을 하던 방식으로 처리한 것이 빌미였다. 관행에 매몰되지 말고 창의적이고 발전적인 모습을 보여 달라는 게 팀장의 주문이었다. '창의적인 일처리'라는 말을 들을 때마다 주눅이 드는 자신을 발견할 때면 더욱 의기소침해지고 자신감이 없어진다. 어떻게 해야 창의적인 인재가 될 수 있을까 고민도 해보지만 뾰족한 수가 보이지 않는다. 자기만 뒤처지는 것 같아 불안하기도 하고 남들은 어떤지 궁금하기도 하다.

① 창의적인 사람은 새로운 경험을 찾아 나서는 사람을 말하는 것 같아.
② 창의적인 사고는 후천적 노력에 의해서도 개발이 가능하다고 생각해.
③ 창의력은 본인 스스로 자신의 틀에서 벗어나도록 노력해야 한다고 생각해.
④ 창의적 사고는 전문지식이 필요하지 않으니 자신의 경험을 바탕으로 생각해 봐.
⑤ 괜찮아, 그들의 독특하고 기발한 재능은 선천적으로 타고나는 것이라 할 수 있어.

15 K공사의 기획팀 A팀장은 B사원에게 K공사에 대한 마케팅 전략 보고서를 요청하였다. B사원이 A팀장에게 제출한 SWOT 분석 결과가 다음과 같을 때, ㉠~㉤ 중 적절하지 않은 것은?

<K공사 SWOT 분석 결과>

강점(Strength)	• 새롭고 혁신적인 서비스 • ㉠ 직원들에게 가치를 더하는 공사의 다양한 측면 • 특화된 마케팅 전문지식
약점(Weakness)	• 낮은 품질의 서비스 • ㉡ 경쟁자의 시장 철수로 인한 시장 진입 가능성
기회(Opportunity)	• ㉢ 합작회사를 통한 전략적 협력 구축 가능성 • 글로벌 시장으로의 접근성 향상
위협(Threat)	• ㉣ 주력 시장에 나타난 신규 경쟁자 • ㉤ 경쟁 기업의 혁신적 서비스 개발 • 경쟁 기업과의 가격 전쟁

① ㉠
② ㉡
③ ㉢
④ ㉣
⑤ ㉤

16 K물산에 근무하는 A사원은 제품 판매 결과보고서를 작성할 때 자주 사용하는 여러 개의 명령어를 묶어 하나의 키 입력 동작으로 만들어서 빠르게 완성하였다. 그리고 판매 결과를 여러 유통 업자에게 알리기 위해 같은 내용의 안내문을 미리 수집해 두었던 주소록을 활용하여 쉽게 작성하였다. 이러한 사례에서 사용한 워드프로세서(한글 2010)의 기능으로 옳은 것을 〈보기〉에서 모두 고르면?

> **보기**
> ㄱ. 매크로 　　　　　　　　　　　ㄴ. 글맵시
> ㄷ. 메일 머지 　　　　　　　　　　ㄹ. 하이퍼링크

① ㄱ, ㄴ 　　　　　　　　　　② ㄱ, ㄷ
③ ㄴ, ㄷ 　　　　　　　　　　④ ㄴ, ㄹ
⑤ ㄷ, ㄹ

17 다음 글을 읽고 정보에 대한 설명으로 옳지 않은 것을 고르면?

> 우리가 필요로 하는 정보의 가치는 여러 가지 상황에 따라서 아주 달라질 수 있다. 다시 말해 정보의 가치를 평가하는 절대적인 기준은 없다는 것이다. 즉, 정보의 가치는 우리의 요구, 사용 목적, 그것이 활용되는 시기와 장소에 따라서 다르게 평가된다.
> 적시성과 독점성은 정보의 핵심적인 특성이다. 따라서 정보는 우리가 원하는 시간에 제공되어야 하며, 원하는 시간에 제공되지 못하는 정보는 정보로서의 가치가 없어지게 될 것이다. 또한 정보는 아무리 중요한 내용이라도 공개가 되고 나면, 그 가치가 급격하게 떨어지는 것이 보통이다. 따라서 정보는 공개 정보보다는 반공개 정보가, 반공개 정보보다는 비공개 정보가 더 큰 가치를 가질 수 있다. 그러나 비공개 정보는 정보의 활용이라는 면에서 경제성이 떨어지고, 공개 정보는 경쟁성이 떨어지게 된다. 따라서 정보는 공개 정보와 비공개 정보를 적절히 구성함으로써 경제성과 경쟁성을 동시에 추구해야 한다.

① 정보는 시의성이 있어야 높은 가치를 갖는다.
② 공개 정보는 반공개 정보에 비해 경쟁성이 떨어진다.
③ 정보는 일반적으로 독점성이라는 핵심적 특징을 갖는다.
④ 공개 정보와 비공개 정보 모두 적절히 배분하여 정보를 구성해야 한다.
⑤ 비공개 정보는 반공개 정보에 비해 정보의 활용 측면에서 경제성이 더 높다.

18 다음 글을 읽고 1차 자료에 해당하지 않는 것을 고르면?

> 정보는 기업이나 어떤 조직을 운영하는 데 있어서 중요한 자원으로, 의사결정을 하거나 문제의 답을 알아내고자 할 때 활용하는데 이러한 정보는 1차 자료와 2차 자료로 구분된다. 1차 자료란 원래의 연구 성과가 기록된 것이며, 2차 자료란 이러한 1차 자료를 효과적으로 찾아보기 위해 1차 자료의 정보를 압축하여 정리한 것이다.

① 신문
② 단행본
③ 연구보고서
④ 정기간행물
⑤ 학술지 논문

19 다음 글의 빈칸에 들어갈 말로 옳은 것은?

> 이것은 기업이 경쟁에서 우위를 확보하려고 구축·이용하는 것이다. 기존의 정보시스템이 기업 내 업무의 합리화·효율화에 역점을 두었던 것에 반해, 기업이 경쟁에서 승리해 살아남기 위한 필수적인 시스템이라는 뜻에서 _____(이)라고 한다. 그 요건으로는 경쟁 우위의 확보, 신규 사업의 창출이나 상권의 확대, 업계 구조의 변혁 등을 들 수 있다. 실례로는 금융 기관의 대규모 온라인시스템, 체인점 등의 판매시점 관리(POS)를 들 수 있다.

① 전략정보 시스템(SIS)
② 전사적 자원관리(ERP)
③ 의사결정지원 시스템(DSS)
④ 경영정보 시스템(MIS)
⑤ 비즈니스 프로세스 관리(BPM)

20 다음은 데이터베이스에 대한 설명이다. 데이터베이스의 특징으로 볼 수 없는 것은?

> 데이터베이스란 대량의 자료를 관리하고 내용을 구조화하여 검색이나 자료 관리 작업을 효과적으로 실행하는 프로그램으로 삽입, 삭제, 수정, 갱신 등을 통하여 항상 최신의 데이터를 유동적으로 유지할 수 있으며, 이와 같은 대량의 데이터는 사용자의 질의에 대한 신속한 응답 처리를 가능하게 한다. 또한 이러한 데이터를 여러 명의 사용자가 동시에 공유가 가능하고 각 데이터를 참조할 때는 사용자가 요구하는 내용에 따라 참조가 가능함은 물론 응용프로그램과 데이터베이스를 독립시킴으로써 데이터를 변경시키더라도 응용프로그램은 변경되지 않는다.

① 동시 공유
② 실시간 접근성
③ 계속적인 진화
④ 내용에 의한 참조
⑤ 데이터 논리적 의존성

21 기계적 즈직의 특징으로 옳은 것을 〈보기〉에서 모두 고르면?

> **보기**
> ㄱ. 변화에 맞춰 쉽게 변할 수 있다.
> ㄴ. 상하 간 의사소통이 공식적인 경로를 통해 이루어진다.
> ㄷ. 대표적으로 사내 벤처팀, 프로젝트팀이 있다.
> ㄹ. 구성원의 업무가 분명하게 규정되어 있다.
> ㅁ. 다양한 규칙과 규제가 있다.

① ㄱ, ㄴ, ㄷ   ② ㄱ, ㄹ, ㅁ
③ ㄴ, ㄷ, ㄹ   ④ ㄴ, ㄹ, ㅁ
⑤ ㄷ, ㄹ, ㅁ

22 직무전결 규정상 전무이사가 전결인 '과장의 국내출장 건'의 결재를 시행하고자 한다. 박기수 전무이사가 해외출장으로 인해 부재중이어서 직무대행자인 최수영 상무이사가 결재하였다. 이때의 상황에 대한 내용으로 옳지 않은 것을 〈보기〉에서 모두 고르면?

> **보기**
> ㄱ. 최수영 상무이사가 결재한 것은 전결이다.
> ㄴ. 공문의 결재표상에는 '과장 최경옥, 부장 김석호, 상무이사 전결, 전무이사 최수영'이라고 표시되어 있다.
> ㄷ. 박기수 전무이사가 출장에서 돌아와서 해당 공문을 검토하는 것은 후결이다.

① ㄱ   ② ㄷ
③ ㄱ, ㄴ   ④ ㄴ, ㄷ
⑤ ㄱ, ㄴ, ㄷ

23 다음 중 조직체제 구성요소에 대한 설명으로 옳지 않은 것은?

① 조직목표는 조직이 존재하는 정당성과 합법성을 제공한다.
② 조직문화는 조직구성원들에게 일체감과 정체성을 부여한다.
③ 업무 프로세스는 구성원 간의 업무 흐름의 연결을 보여준다.
④ 조직의 규칙과 규정은 조직구성원들의 활동범위를 제약한다.
⑤ 조직구조 중 유기적 조직은 업무가 고정적이며 구성원들의 업무나 권한이 분명하게 정의되고 통제된 조직구조이다.

24 다음 메신저 내용을 보고 A사원이 처리할 첫 업무와 마지막 업무를 순서대로 나열한 것은?

A씨, 우리 팀이 준비하는 프로젝트가 마무리 단계인 건 알고 있죠? 이제 곧 그동안 진행해 온 팀 프로젝트를 발표해야 하는데 A씨가 발표자로 선정되어서 몇 가지 말씀드릴 게 있어요. 9월 둘째 주 월요일 오후 4시에 발표를 할 예정이니 그 시간에 비어 있는 회의실을 찾아보고 예약해 주세요. 오늘이 벌써 첫째 주 수요일이네요. 보통 일주일 전에는 예약해야 하니 최대한 빨리 확인하고 예약해 주셔야 합니다. 또 발표 내용을 PPT 파일로 만들어서 저한테 메일로 보내 주세요. 검토 후 수정사항을 회신할 테니 반영해서 최종본 내용을 브로슈어에 넣어 주세요. 최종본 내용을 모두 입력하면 디자인팀 D대리님께 파일을 넘겨줘야 해요. 디자인팀에서 작업 후 인쇄소로 보낼 겁니다. 최종 브로슈어는 1층 인쇄소에서 받아오시면 되는데 원래는 한나절이면 찾을 수 있지만 이번에 인쇄 주문 건이 많아서 다음 주 월요일에 찾을 수 있을 거예요. 아, 그리고 브로슈어 내용 정리 전에 작년에 프로젝트 발표자였던 B주임에게 물어보면 어떤 식으로 작성해야 할지 이야기해 줄 거예요.

① 회의실 예약 – 인쇄소 방문
② 회의실 예약 – D대리에게 파일 전달
③ 회의실 예약 – B주임에게 조언 구하기
④ B주임에게 조언 구하기 – 인쇄소 방문
⑤ PPT 작성 – D대리에게 파일 전달

25 다음 중 사업별 조직 구조의 형태로 옳지 않은 것은?

① A출판사 — 취업과 / 공무원과 / 학습어학과

② B출판사 — 총무부 / 디자인부 / 마케팅부

③ C출판사 — 초등부 교과서 / 중등부 교과서 / 고등부 교과서

④ D출판사 — 소설 / 시 / 희곡

⑤ E출판사 — 언어 / 수리 / 외국어

2일 차
기출응용 모의고사

〈문항 및 시험시간〉

평가영역	문항 수	시험시간	모바일 OMR 답안분석	
의사소통능력＋대인관계능력＋ 문제해결능력＋정보능력＋조직이해능력	25문항	40분	제1회	제2회

2일 차 기출응용 모의고사

제 **1** 회

01 다음 글의 밑줄 친 단어와 바꿔 사용할 수 있는 것은?

> 흑사병은 페스트균에 의해 발생하는 급성 열성 감염병으로, 쥐에 기생하는 벼룩에 의해 사람에게 전파된다. 국가위생건강위원회의 자료에 따르면 중국에서는 최근에도 <u>간헐적</u>으로 흑사병 확진 판정이 나온 바 있다. 2014년에는 중국 북서부에서 38살의 남성이 흑사병으로 목숨을 잃었으며, 2016년과 2017년에도 각각 1건씩 발병 사례가 확인됐다.

① 흔히   ② 자못
③ 이따금   ④ 빈번히
⑤ 근근이

02 다음 글의 주제로 가장 적절한 것은?

> 사대부가 퇴장하고, 시민이 지배세력으로 등장하면서 근대문학이 시작되었다. 염상섭, 현진건, 나도향 등은 모두 서울 중인의 후예인 시민이었기 때문에 근대 소설을 이룩하는 데 앞장설 수 있었다. 이광수, 김동인, 김소월 등 평안도 출신 시민계층도 근대문학 형성에 큰 몫을 담당했다. 근대문학의 주역인 시민은 본인의 계급 이익을 배타적으로 옹호하지 않았다. 그들은 사대부 문학의 유산을 계승하는 한편, 민중문학과 제휴해 중세 보편주의와는 다른 근대 민족주의 문학을 발전시키는 의무를 감당해야 했다.

① 근대문학의 지역문제
② 근대문학과 민족문학
③ 근대문학의 특성과 의의
④ 근대문학 형성의 주역들
⑤ 민족주의 문학의 탄생과 발전

03 다음은 의사표현의 말하기 중 '쉼'에 대한 설명이다. 빈칸에 들어갈 수 있는 내용으로 적절하지 않은 것은?

> 쉼이란 대화 도중 잠시 침묵하는 것으로, 의도적인 경우와 비의도적인 경우가 있으며, 의도적으로 할 경우 쉼을 활용하여 논리성, 감성제고, 동질감 등을 얻을 수 있다. 듣기에 좋은 말의 속도는 이야기 전체에서 35 ~ 40%가 적당하다는 주장이 있으며, 대화를 할 때 쉼을 하는 경우는 _____ 등이 있다.

① 이야기가 전이될 때   ② 양해, 동조의 경우
③ 생략, 암시의 경우   ④ 분노, 화냄의 경우
⑤ 여운을 남길 때

04 다음 글의 밑줄 친 사람들의 주장으로 가장 적절한 것은?

> 최근 여러 나라들은 화석연료 사용으로 인한 기후 변화를 억제하기 위해 화석연료의 사용을 줄이고 목재연료의 사용을 늘리고 있다. 다수의 과학자와 경제학자들은 목재를 '탄소 중립적 연료'라고 생각하고 있다. 나무를 태우면 이산화탄소가 발생하지만 새로 심은 나무가 자라면서 다시 이산화탄소를 흡수하는데, 나무를 베어낸 만큼 다시 심으면 전체 탄소배출량은 '0'이 된다는 것이다. 대표적으로 유럽연합이 화석연료를 목재로 대체하려고 하는데 내후년까지 탄소 중립적 연료로 전체 전력의 20%를 생산할 계획을 제시한 바 있다. 영국, 벨기에, 덴마크, 네덜란드 등의 국가에서는 나무 화력발전소를 건설하거나 기존의 화력발전소에서 나무를 사용할 수 있도록 전환하는 등의 설비를 갖추고 있다. 우리나라 역시 재생에너지원을 중요시하게 되면서 나무 펠릿 수요가 증가하고 있다.
> 하지만 일부 과학자들은 목재가 친환경 연료가 아니라고 주장한다. 이들 주장의 핵심은 지금 심은 나무가 자라는 데에는 수십 ~ 수백 년이 걸린다는 것이다. 즉, 지금 나무를 태워 나온 이산화탄소는 나무를 심는다고 해서 줄어드는 것이 아니라 수백 년에 걸쳐서 천천히 흡수된다는 것이다. 또 화석연료에 비해 발전 효율이 낮기 때문에 같은 전력을 생산하는 데 발생하는 이산화탄소의 양은 더 많아질 것이라고 강조한다. 눈앞의 배출량만 줄이는 것은 마치 지금 당장 지갑에서 현금이 나가지 않는다고 해서 신용카드를 무분별하게 사용하는 것처럼 위험할 수 있다는 생각이다. 이들은 기후 변화 방지에 있어서 배출량을 줄이는 것이 아니라 배출하지 않는 방법을 택하는 것이 더 낫다고 강조한다.

① 나무의 발전 효율을 높이는 연구가 선행되어야 한다.
② 목재연료의 사용은 현재의 상황에서 가장 합리적인 대책이다.
③ 목재연료의 사용보다 화석연료의 사용을 줄이는 것이 중요하다.
④ 목재연료를 통한 이산화탄소 절감은 전 세계가 동참해야만 가능하다.
⑤ 목재연료의 사용보다는 태양광과 풍력 등의 발전효율을 높이는 것이 효과적이다.

05 다음 문장을 논리적 순서대로 바르게 나열한 것은?

> (가) 하지만 예를 들면, 얼룩말들은 근처에 큰 고양이과 전시장에 있는 사자의 냄새를 매일 맡으면서도 도망갈 수 없기 때문에 항상 두려움 속에 산다.
>
> (나) 이러한 문제 때문에 동물원 생활은 동물들의 가장 깊이 뿌리박혀 있는 생존 본능과 완전히 맞지 않는다.
>
> (다) 1980년대 이래로 동물원들은 콘크리트 바닥과 쇠창살을 풀, 나무, 물웅덩이로 대체하면서 동물들의 자연 서식지를 재현해 주려고 노력해 왔다.
>
> (라) 이런 환경은 야생을 흉내 낸 것일 수 있지만, 동물들은 먹이와 잠자리 그리고 포식동물로부터의 안전에 대해 걱정할 필요가 없게 되었다.

① (나) - (라) - (다) - (가)   ② (다) - (가) - (라) - (나)
③ (다) - (라) - (가) - (나)   ④ (다) - (라) - (나) - (가)
⑤ (라) - (다) - (가) - (나)

06 다음 중 관점에 따른 협상의 의미에 대한 설명으로 적절하지 않은 것은?

① 지식과 노력의 차원에서 볼 때, 협상은 우리가 필요한 것을 소유한 사람으로부터 원하는 것을 쟁탈하기 위한 과정에 대한 지식이며 노력이다.

② 의사소통 차원에서 볼 때, 협상은 이해당사자들이 자신의 욕구를 충족시키기 위해 상대방으로부터 최선을 얻어내기 위한 설득 과정이다.

③ 의사결정 차원에 따르면, 협상은 복수의 이해당사자들이 여러 대안들 중 모두가 수용이 가능한 대안을 찾기 우한 의사결정과정이다.

④ 갈등해결 차원에 따르면, 협상은 갈등관계에 있는 당사자들이 의사소통을 통해 갈등을 해결하고자 하는 과정이다.

⑤ 교섭 차원에 따르면, 협상이란 선호가 상이한 협상 당사자들이 합의에 도달하기 위한 공동 의사결정 과정이다.

07 다음 중 팀워크에 대한 설명으로 적절하지 않은 것은?

① 조직에 대한 이해 부족은 팀워크를 저해하는 요소이다.

② 효과적인 팀은 갈등을 인정하고 상호신뢰를 바탕으로 건설적으로 해결한다.

③ 팀워크를 유지하기 위해 구성원은 공동의 목표의식과 강한 도전의식을 가져야 한다.

④ 공동의 목적을 달성하기 위해 상호관계성을 가지고 협력하여 업무를 수행하는 것이다.

⑤ 사람들이 집단에 머물도록 만들고, 집단의 멤버로서 계속 남아 있기를 원하게 만드는 힘이다.

08 프랜차이즈 커피숍에서 바리스타로 근무하고 있는 귀하는 종종 "가격을 깎아달라."는 고객 때문에 고민이 이만저만이 아니다. 이를 본 선배가 귀하에게 도움이 될 만한 몇 가지 조언을 해 주었다. 다음 중 선배가 귀하에게 한 조언으로 가장 적절한 것은?

① 못 본체하고 다른 손님의 주문을 받으면 됩니다.

② 다음에 오실 때 깎아 드리겠다고 약속드리면 됩니다.

③ 이번이 마지막이라고 말하면서 한 번만 깎아 주세요.

④ "절대로 안 된다."라고 딱 잘라 거절하는 태도가 필요합니다.

⑤ 규정상 임의로 깎아줄 수 없다는 점을 상세히 설명해 드리세요.

09 다음 중 직장생활에서 인간관계를 잘하는 방법에 대한 설명으로 적절하지 않은 것은?

① 동료가 일이 많으면 내 일이 아니더라도 도와준다.

② 상사나 동료의 의견에 일단 수긍하는 자세를 보인다.

③ 업무능력보다는 인간관계가 더 중요하다는 점을 명심한다.

④ 상대방에게 호감을 줄 수 있도록 항상 웃는 얼굴로 대한다.

⑤ 적극적인 마인드를 가지고 업무에 임하고 자신을 강하게 어필할 수 있도록 한다.

10 다음은 갈등해결을 위한 6단계 프로세스이다. 3단계에 해당하는 대화의 예로 가장 적절한 것은?

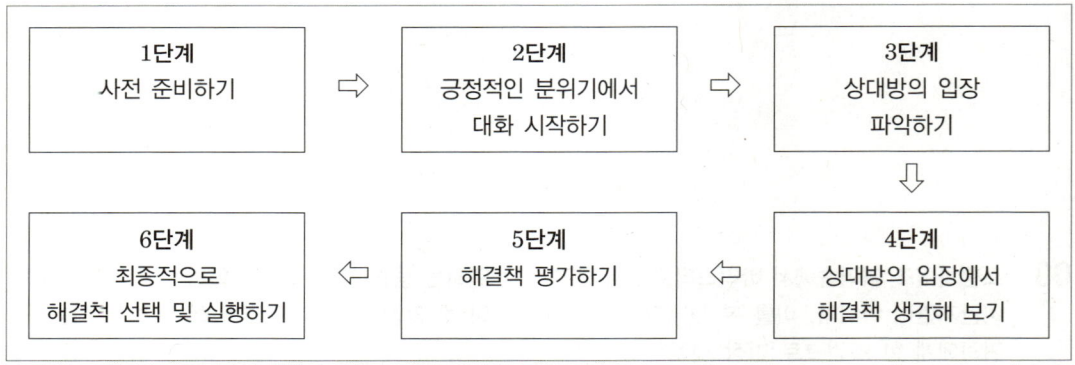

① 저도 좋아요. 그것으로 결정해요.

② 다시 한번 생각할 시간을 주세요.

③ 그럼 A씨의 생각대로 진행해 보시죠.

④ 저는 모두가 만족하는 해결책을 찾고 싶어요.

⑤ 제 생각은 이런데, A씨의 생각은 어떠신지 말씀해 주시겠어요?

11 동일한 유형의 논리적 오류를 범하는 것을 〈보기〉에서 모두 고르면?

> **보기**
>
> ㄱ. 내가 사회의 큰 인물이 되기엔 키가 너무 작아.
> ㄴ. 나는 예술가보다 음악가가 되고 싶어.
> ㄷ. 이 병에는 무엇이든지 녹이는 약이 담겨 있습니다.
> ㄹ. 그는 동남아시아에서 오지 않았어. 베트남에서 왔다던데?

① ㄱ, ㄴ   ② ㄱ, ㄹ
③ ㄴ, ㄷ   ④ ㄴ, ㄹ
⑤ ㄷ, ㄹ

12 K사의 기획팀에 근무 중인 A사원은 자사에 대한 마케팅 전략 보고서를 작성하려고 한다. A사원이 SWOT 분석을 한 결과가 다음과 같을 때, 분석 결과에 대응하는 전략과 그 내용의 연결이 적절하지 않은 것은?

〈A사원의 SWOT 분석 결과〉

강점(Strength)	약점(Weakness)
• 세계 판매량 1위의 높은 시장 점유율 • 제품의 뛰어난 내구성 • 다수의 특허 확보	• 보수적 기업 이미지 • 타사 제품에 비해 높은 가격 • 경쟁업체 제품과의 차별성 약화
기회(Opportunity)	**위협(Threat)**
• 경쟁업체 제품의 결함 발생 • 해외 신규시장의 등장 • 인공지능, 사물인터넷 등 새로운 기술 등장	• 중국 업체의 성장으로 가격 경쟁 심화 • 미·중 무역전쟁 등 시장의 불확실성 증가에 따른 소비 위축

① SO전략 : 뛰어난 내구성을 강조한 마케팅 전략 수립
② SO전략 : 확보한 특허 기술을 바탕으로 사물인터넷 기반의 신사업 추진
③ ST전략 : 해외 공장 설립으로 원가 절감을 통한 가격 경쟁력 확보
④ WO전략 : 안정적 기업 이미지를 활용한 홍보 전략으로 해외 신규시장 진출
⑤ WT전략 : 경쟁업체와 차별화된 브랜드 고급화 전략 수립

13 다음 중 창의적 사고 개발 방법에 대한 설명으로 가장 적절한 것은?

① 강제연상법에는 NM법 등이 있다.

② 브레인스토밍은 자유연상법에 속한다.

③ 비교발상법에는 체크리스트 등이 있다.

④ Synectics법은 각종 힌트에 강제적으로 연결 지어서 발상한다.

⑤ 일반적으로 브레인스토밍은 구성원이 서로 정체를 모르게 한다.

14 과제 선정 단계에서의 과제안에 대한 평가기준은 과제해결, 과제착수, 과제해결의 각 특성을 고려하여 여러 개의 평가기준을 동시에 설정하는 것이 바람직하다. 과제안 평가기준을 다음과 같이 나타냈을 때, 빈칸 ㉠~㉢에 들어갈 단어를 바르게 짝지은 것은?

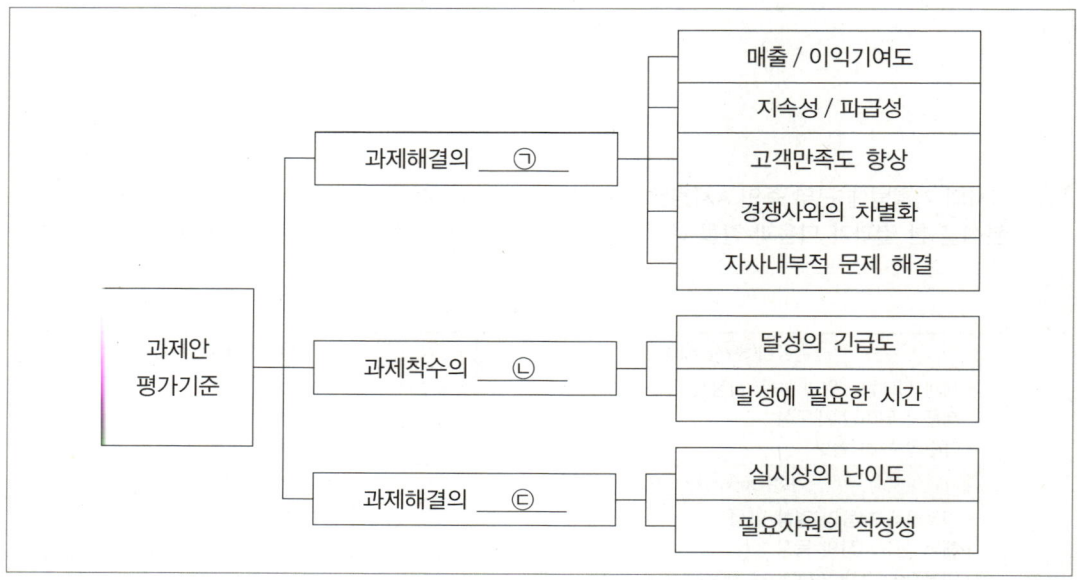

	㉠	㉡	㉢
①	용이성	긴급성	중요성
②	용이성	중요성	긴급성
③	중요성	용이성	긴급성
④	중요성	긴급성	용이성
⑤	긴급성	중요성	용이성

15 K베이커리에서는 〈조건〉에 따라 4개의 단체 A ~ D에 우유식빵, 밤식빵, 옥수수식빵, 호밀식빵을 한 종류씩 납품하려고 한다. 다음 중 반드시 참인 것은?

> **조건**
> • 이전에 납품했던 종류의 빵은 다시 납품할 수 없다.
> • 우유식빵과 밤식빵은 A에 납품된 적이 있다.
> • 옥수수식빵과 호밀식빵은 C에 납품된 적이 있다.
> • 옥수수식빵은 D에 납품된다.

① 호밀식빵은 A에 납품될 것이다.
② 우유식빵은 B에 납품된 적이 있다.
③ 우유식빵은 C에 납품된 적이 있다.
④ 호밀식빵은 D에 납품된 적이 있다.
⑤ 옥수수식빵은 A에 납품된 적이 있다.

16 다음은 정보화 사회에서 필수적으로 해야 할 일에 대한 글이다. 이를 바람직하게 실행한 사례로 옳지 않은 것은?

> 첫째, 정보검색이다. 인터넷에는 수많은 사이트가 있으며, 여기서 내가 원하는 정보를 찾는 것을 정보검색, 즉 인터넷 서핑이라 할 수 있다. 현재 인터넷에는 수많은 사이트가 존재하는데, 그 많은 사이트에서 내가 원하는 정보를 찾기란 그렇게 만만하지 않다. 지금은 다행히도 검색 방법이 발전하여 문장 검색용 검색엔진과 자연어 검색 방법도 나와 네티즌들로부터 대환영을 받고 있다. 검색이 그만큼 쉬워졌다는 것이다. 이러한 발전에 맞추어 정보화 사회에서는 궁극적으로 타인의 힘을 빌리지 않고 내가 원하는 정보는 무엇이든지 다 찾을 수 있어야 한다. 즉, 자신이 가고 싶은 곳의 정보라든지 궁금한 사항을 스스로 해결할 정도는 되어야 한다는 것이다.
> 둘째, 정보관리이다. 인터넷에서 어렵게 검색하여 찾아낸 결과를 관리하지 못하여 머리 속에만 입력하고 컴퓨터를 끄고 나면 잊어버리는 것은 정보관리를 못하는 것이다. 검색한 내용에 대하여 파일로 만들어 보관하든 프린터로 출력하여 인쇄물로 보관하든 언제든지 필요할 때 다시 볼 수 있을 정도가 되어야 한다.
> 셋째, 정보전파이다. 정보관리를 못한 사람은 정보전파가 어렵다. 오로지 입을 이용해서만 전파가 가능하기 때문이다. 요즘은 전자우편과 SNS를 이용해서 정보를 전달하기 때문에 정보전파가 매우 쉽다. 참으로 편리한 세상이 아닐 수 없다. 인터넷만 이용하면 편안히 서울에 앉아서 미국에도 논문을 보낼 수 있는 것이다.

① A씨는 라면을 맛있게 조리할 수 있는 비법을 SNS에 올렸다.
② B씨는 가진 금액에 맞는 의자를 사기 위해 가격 비교 사이트를 이용했다.
③ C씨는 작년에 작성했던 보고서를 지금 미국에 출장 가 있는 동료에게 보내주었다.
④ D씨는 내일 축구에서 승리하는 국가를 맞추기 위해 선발 선수들의 특징을 파악했다.
⑤ E씨는 다음 주 제주도 여행을 위해서 다음 주 날씨를 요일별로 잘 파악해서 기억하고자 했다.

17 다음 중 정보처리 절차에 대한 설명으로 옳지 않은 것은?

① 정보처리는 기획 - 수집 - 활용 - 관리의 순서로 이루어진다.

② 다양한 정보원으로부터 목적에 적합한 정보를 수집해야 한다.

③ 정보 활용 시에는 합목적성 외에도 합법성이 고려되어야 한다.

④ 정보 관리 시에 고려하여야 할 3요소는 목적성, 용이성, 유용성이다.

⑤ 정보의 기획은 정보의 입수대상, 주제, 목적 등을 고려하여 전략적으로 이루어져야 한다.

18 다음 글의 빈칸에 들어갈 단어로 옳은 것은?

> _____는 센서 네트워크와 외부 네트워크(인터넷)를 연결하는 게이트웨이 역할을 하며, 센서 노드에게 임무를 부여하고, 센서 노드에서 감지된 모든 이벤트를 수집한다.

① 풀 노드(Full Node) ② 싱크 노드(Sink Node)

③ 슈퍼 노드(Super Node) ④ 마스터 노드(Master Node)

⑤ 라이트 노드(Light Node)

19 다음 글을 읽고 알 수 있는 정보관리의 3원칙은 무엇인가?

> '구슬이 서말이라도 꿰어야 보배'라는 속담처럼 여러 가지 채널과 갖은 노력 끝에 입수한 정보가 우리가 필요한 시점에 즉시 활용되기 위해서는 모든 정보가 차곡차곡 정리되어 있어야 한다. 이처럼 정보의 관리란 수집된 다양한 형태의 정보를 어떤 문제해결이나 결론도출에 사용하기 쉬운 형태로 바꾸는 일이다. 정보를 관리할 때에는 특히 정보에 대한 사용목표가 명확해야 하며, 정보를 쉽게 작업할 수 있어야 하고, 즉시 사용할 수 있어야 한다.

① 목적성, 용이성, 유용성 ② 통일성, 목적성, 용이성

③ 다양성, 용이성, 통일성 ④ 통일성, 목적성, 유용성

⑤ 다양성, 유용성, 통일성

20 다음 중 정보의 전략적 기획에 대한 설명으로 옳지 않은 것은?

① 전략적 기획은 정보수집을 수행하기 이전에 이루어진다.
② 언제까지 정보를 수집하여야 하는지 기한도 계획하여야 한다.
③ 수집정보의 품질뿐 아니라 정보수집의 비용성도 고려되어야 한다.
④ 정보의 전략적 기획은 정보수집 원천을 파악하는 과정을 포함한다.
⑤ 폭넓은 정보수집을 위해 정보수집의 대상과 종류 등은 포괄적으로 지정할수록 좋다.

21 다음 대화를 참고하여 알 수 있는 조직 목표의 기능과 특징으로 옳지 않은 것은?

> 이대리 : 박부장님께서 우리 회사의 목표가 무엇인지 생각해 본 적 있냐고 하셨을 때 당황했어. 평소에 딱히 생각하고 지내지 않았던 것 같아.
> 김대리 : 응. 그러기 쉽지. 개인에게 목표가 있어야 그것을 위해서 무언가를 하는 것처럼 당연히 조직에도 목표가 있어야 하는데 조직에 속해 있으면 당연히 알아두어야 한다고 생각해.

① 조직이 존재하는 정당성을 제공한다.
② 공식적 목표와 실제적 목표는 다를 수 있다.
③ 목표 간에는 위계 관계와 상호 관계가 공존한다.
④ 의사결정을 할 때뿐만 아니라 하고 나서의 기준으로도 작용한다.
⑤ 동시에 여러 개를 추구하는 것보다 하나씩 순차적으로 처리해야 한다.

22 다음 조직 목표의 특징 중 옳지 않은 것은 총 몇 가지인가?

> 〈조직 목표의 특징〉
> • 공식적 목표와 실제적 목표가 다를 수 있다.
> • 다수의 조직 목표를 추구할 수 있다.
> • 조직 목표 간에는 수평적 상호관계가 있다.
> • 불변적 속성을 가진다.
> • 조직의 구성요소와 상호관계를 가진다.

① 1가지
② 2가지
③ 3가지
④ 4가지
⑤ 5가지

23 다음 상황에서 팀장의 지시를 적절히 수행하기 위해 오대리가 거쳐야 할 부서명을 순서대로 나열한 것은?

> 오대리, 내가 내일 출장 준비 때문에 무척 바빠서 그러는데 자네가 좀 도와줘야 할 것 같군. 우선 박비서한테 가서 사장님의 오후 회의 자료를 좀 가져다 주게나. 오는 길에 지난주 기자단 간담회 자료 정리가 되었는지 확인해 보고 완료됐으면 한 부 챙겨 오고. 다음 주에 승진자 발표가 있을 것 같은데 우리 팀 승진 대상자 서류가 잘 전달되었는지 그것도 확인 좀 해 줘야겠어. 참, 오후에 바이어가 내방하기로 되어 있는데 공항 픽업 준비는 잘 해 두었지? 배차 예약 상황도 다시 한 번 점검해 봐야 할 거야. 그럼 수고 좀 해 주게.

① 비서실 – 홍보팀 – 인사팀 – 총무팀
② 인사팀 – 법무팀 – 총무팀 – 기획팀
③ 기획팀 – 홍보팀 – 총무팀 – 경영관리팀
④ 회계팀 – 경영관리팀 – 인사팀 – 총무팀
⑤ 경영관리팀 – 법무팀 – 총무팀 – 인사팀

24 다음 사례에서 K전자가 TV 시장에서 경쟁력을 잃게 된 주요 원인으로 가장 적절한 것은?

> 평판 TV 시장에서 PDP TV가 주력이 되리라 판단한 K전자는 2007년에 세계 최대 규모의 PDP 생산설비를 건설하기 위해 3조 원 수준의 막대한 투자를 결정하였다. 당시 L전자와 S전자는 LCD와 PDP 사업을 동시에 수행하면서도 성장성이 높은 LCD TV로 전략을 수정하는 상황이었지만 K전자는 익숙한 PDP 사업에 더욱 몰입한 것이다. 하지만 주요 기업들의 투자가 LCD에 집중되면서, 새로운 PDP 공장이 본격 가동될 시점에 PDP의 경쟁력은 이미 LCD에 뒤처지게 됐다.
> 결국 활용가치가 현저하게 떨어진 PDP 생산설비는 조기에 상각함을 고민할 정도의 골칫거리로 전락했다. K전자는 2011년에만 11조 원의 적자를 기록했으며, 2012년에도 10조 원 수준의 적자가 발생되었다. 연이은 적자는 K전자의 신용등급을 투기 등급으로 급락시켰고, K전자의 CEO는 '디지털 가전에서 패배자가 되었음'을 인정하며 고개를 숙였다. TV를 포함한 가전제품 사업에서 K전자가 경쟁력을 회복하기 어려워졌음은 말할 것도 없다.

① 기존 사업영역에 대한 강한 애착으로 신사업이나 신제품에 대해 낮은 몰입도를 보였다.
② 외부 환경이 어려워짐에 따라 잠재적 실패를 감내할 수 있는 자금을 확보하지 못하였다.
③ 차별성을 지닌 새로운 제품을 기획하고 개발하는 것에 대한 성공 가능성이 낮아져 주저했다.
④ 사업 환경의 변화 속도가 너무나 빨라졌고, 변화의 속성도 예측이 어려워져 따라가지 못하였다.
⑤ 실패가 두려워 새로운 도전보다 안정적이며 실패 확률이 낮은 제품을 위주로 미래를 준비하였다.

25 다음은 K사 상품 기획팀의 업무수행시트이다. 이는 업무수행시트의 종류 중 무엇에 해당하는가?

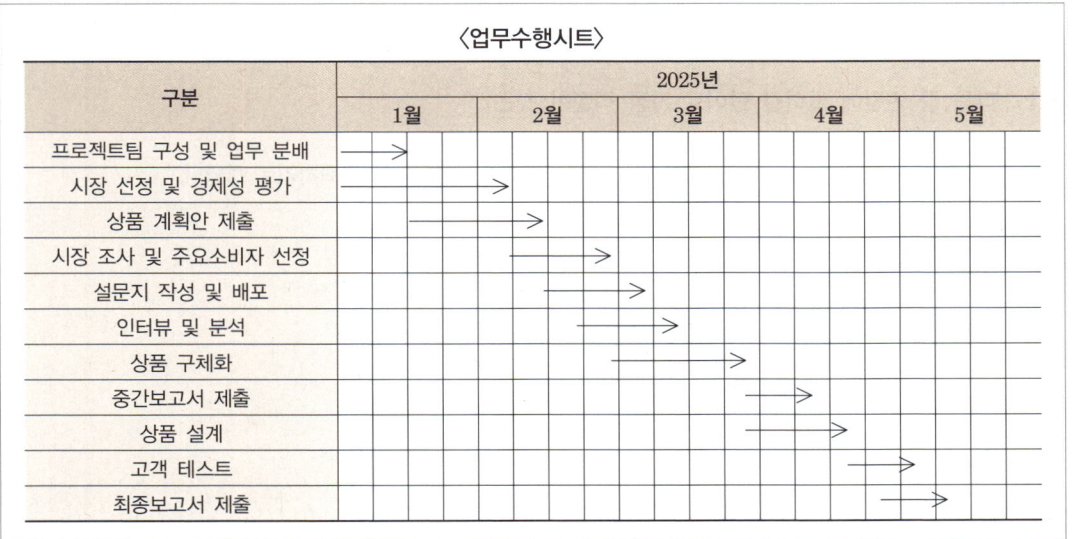

〈업무수행시트〉

구분	2025년				
	1월	2월	3월	4월	5월
프로젝트팀 구성 및 업무 분배	→				
시장 선정 및 경제성 평가	—→				
상품 계획안 제출	—→				
시장 조사 및 주요소비자 선정		—→			
설문지 작성 및 배포		—→			
인터뷰 및 분석		—→			
상품 구체화			—→		
중간보고서 제출			—→		
상품 설계				—→	
고객 테스트				—→	
최종보고서 제출					—→

① 체크리스트(Checklist)

② 플로차트(Flow Chart)

③ 간트차트(Gantt Chart)

④ 업무계획표(Business Planner)

⑤ 워크플로시트(Work Flow Sheet)

01 다음 중 빈칸에 들어갈 단어로 가장 적절한 것은?

> 정부는 선거와 관련하여 신고자에 대한 _____을/를 대폭 강화하기로 하였다.

① 공훈(功勳) ② 보훈(報勳)
③ 공로(功勞) ④ 포상(褒賞)
⑤ 공적(功績)

02 다음 글에 나타난 필자의 생각으로 가장 적절한 것은?

> 우리는 우리가 생각한 것을 말로 나타낸다. 또 다른 사람의 말을 듣고, 그 사람이 무슨 생각을 가지고 있는지를 짐작한다. 그러므로 생각과 말은 서로 떨어질 수 없는 깊은 관계를 가지고 있다.
> 그러면 말과 생각이 얼마만큼 깊은 관계를 가지고 있을까? 이 문제를 놓고 사람들은 오랫동안 여러 가지 생각을 하였다. 그 가운데 가장 두드러진 것이 두 가지 있다. 하나는 말과 생각이 서로 꼭 달라붙은 쌍둥이인데 한 놈은 생각이 되어 속에 감추어져 있고 다른 한 놈은 말이 되어 사람 귀에 들리는 것이라는 생각이다. 다른 하나는 생각이 큰 그릇이고 말은 생각 속에 들어가는 작은 그릇이어서 생각에는 말 이외에도 다른 것이 더 있다는 생각이다.
> 두 가지 생각 가운데서 앞의 것은 조금만 깊이 생각해 보면 틀렸다는 것을 즉시 깨달을 수 있다. 우리가 생각한 것은 거의 대부분 말로 나타낼 수 있지만, 누구든지 가슴 속에 응어리진 어떤 생각이 분명히 있기는 한데 그것을 어떻게 말로 표현해야 할지 애태운 경험을 가지고 있을 것이다. 이것 한 가지만 보더라도 말과 생각이 서로 안팎을 이루는 쌍둥이가 아님은 쉽게 판명된다.
> 인간의 생각이라는 것은 매우 넓고 큰 것이며 말이란 결국 생각의 일부분을 주워 담는 작은 그릇에 지나지 않는다. 그러나 아무리 인간의 생각이 말보다 범위가 넓고 큰 것이라고 하여도 그것을 가능한 한 말로 바꾸어 놓지 않으면 그 생각의 위대함이나 오묘함이 다른 사람에게 전달되지 않기 때문에 말의 신세를 지지 않을 수가 없게 되어 있다. 그러니까 말을 통하지 않고는 생각을 전달할 수가 없는 것이다.

① 말은 생각의 하위요소이다.
② 말은 생각의 폭을 확장시킨다.
③ 말은 생각을 제한하는 틀이다.
④ 말은 생각을 전달하기 위한 수단이다.
⑤ 생각은 말이 내면화된 쌍둥이와 같은 존재이다.

03 다음과 같은 상황에서 A의 의사소통을 저해하는 요소로 가장 적절한 것은?

〈상황〉

A : B씨, 회의 자료 인쇄했어요?
B : 네? 말씀 안 하셔서 몰랐어요.
A : 아니, 사람이 이렇게 센스가 없어서야. 그런 건 알아서 해야지.

① 복잡한 메시지
② 잘못된 선입견
③ 경쟁적인 메시지
④ 감정의 억제 부족
⑤ 의사소통 과정에서의 상호작용 부족

04 다음 글의 내용으로 적절하지 않은 것은?

우리 민족은 고유한 주거문화로 바닥 난방 기술인 구들을 발전시켜 왔는데, 구들은 우리 민족에 다양한 영향을 주었다. 우선 오랜 구들 생활은 우리 민족의 인체에 적지 않은 변화를 초래하였다. 태어나면서부터 따뜻한 구들에 누워 자는 것이 습관이 된 우리 아이들은 사지의 활동량이 적어 발육이 늦어졌다. 구들에서 자란 우리 아이들은 다른 어떤 민족의 아이들보다 따뜻한 곳에서 안정감을 느꼈으며, 우리 민족은 아이들에게 따뜻함을 만들어주기 위해 여러 가지를 고안하여 발전시켰다.
구들은 농경을 주업으로 하는 우리 민족의 생산도구의 제작과 사용에 많은 영향을 주었다. 구들에 앉아 오랫동안 활동하는 습관은 하반신보다 상반신의 작업량을 증가시켰고 상반신의 움직임이 상대적으로 정교하게 되었다. 구들 생활에 익숙해진 우리 민족은 방 안에서의 작업뿐만 아니라 농사를 비롯한 야외의 많은 작업에서도 앉아서 하는 습관을 갖게 되었는데 이는 큰 농기구를 이용하여 서서 작업을 하는 서양과는 완전히 다른 방식이었다.

① 우리 민족은 앉아서 작업하는 습관이 있다.
② 구들은 아이들의 체온을 높여 발육을 방해한다.
③ 구들은 실내뿐만 아니라 실외활동에도 영향을 끼쳤다.
④ 구들의 영향으로 우리 민족은 앉아서 하는 작업방식이 일반화되었다.
⑤ 우리 민족은 하반신 활동보다 상반신 활동이 많은 대신 상반신 작업이 정교한 특징이 있다.

05 다음 문단을 논리적 순서대로 바르게 나열한 것은?

(가) 근대에 접어들어 모든 사물이 생명력을 갖지 않는 일종의 기계라는 견해가 강조되면서, 아리스토텔레스의 목적론은 비과학적이라는 이유로 많은 비판에 직면한다.

(나) 대표적인 근대 사상가인 갈릴레이는 목적론적 설명이 과학적 설명으로 사용될 수 없다고 주장했고, 베이컨은 목적에 대한 탐구가 과학에 무익하다고 평가했으며, 스피노자는 목적론이 자연에 대한 이해를 왜곡한다고 비판했다.

(다) 일부 현대 학자들은 근대 사상가들이 당시 과학에 기초한 기계론적 모형이 더 설득력을 갖는다는 일종의 교조적 믿음에 의존했을 뿐, 아리스토텔레스의 목적론을 거부할 충분한 근거를 제시하지 못했다고 비판한다.

(라) 이들의 비판은 목적론이 인간 이외의 자연물도 이성을 갖는 것으로 의인화한다는 것이다. 그러나 이런 비판과는 달리 아리스토텔레스는 자연물을 생물과 무생물로, 생물을 식물·동물·인간으로 나누고, 인간만이 이성을 지닌다고 생각했다.

① (가) – (나) – (라) – (다) ② (가) – (다) – (나) – (라)
③ (가) – (라) – (나) – (다) ④ (나) – (다) – (라) – (가)
⑤ (나) – (라) – (다) – (가)

06 대인관계능력을 향상시키는 방법으로 적절한 것을 〈보기〉에서 모두 고르면?

> 보기
> ㄱ. 상대방에 대한 이해심
> ㄴ. 사소한 일까지 관심을 두지 않는 것
> ㄷ. 약속을 이행하는 것
> ㄹ. 처음부터 너무 기대하지 않는 것
> ㅁ. 진지하게 사과하는 것

① ㄱ, ㄴ, ㄹ ② ㄱ, ㄴ, ㄷ
③ ㄱ, ㄷ, ㅁ ④ ㄱ, ㄴ, ㄷ, ㅁ
⑤ ㄱ, ㄷ, ㄹ, ㅁ

07 다음은 K공사 사보에 실린 '조직의 분쟁 해결을 위한 여섯 단계'를 설명하는 기사 내용이다. 오늘 아침 회의시간에 있었던 회사 성과급 기준과 관련한 팀원 간의 갈등 해결을 위한 방안으로 적절하지 않은 것은?

<조직의 분쟁 해결을 위한 여섯 단계>

1. 문제가 무엇이며, 분쟁의 원인이 무엇인지 명확히 정의하기
2. 공동의 목표 수립하기
3. 공동의 목표를 달성하는 방법에 대해 토론하기
4. 공동의 목표를 수립하는 과정에서 발생할 장애물 탐색하기
5. 분쟁을 해결하는 최선의 방법에 대해 협의하기
6. 합의된 해결 방안을 확인하고 책임 분할하기

① 합의된 성과급 기준에서 발생할 수 있는 문제점들도 생각해 봐야겠다.
② 성과급 기준과 관련하여 팀원들과 갈등이 있었는데 원인을 찾아봐야겠다.
③ 성과급 기준에 대해 서로 어떤 건의사항이 있는지 회의를 통해 알아봐야겠다.
④ 성과급 기준에 대해 내가 원하는 점과 다른 사람이 원하는 점을 모두 생각해 봐야지.
⑤ 모두가 만족할 만한 해결 방안을 확인했으니, 팀장인 내가 책임감을 가지고 실행해야지.

08 최근 K공사에 입사한 A사원은 며칠 전 민원상담을 진행하는 데 어려움을 겪었다고 선임인 귀하에게 토로하였다. 귀하는 A사원이 민원상담을 잘 수행할 수 있도록 민원처리 매뉴얼에 대해 설명하고자 한다. 다음 중 귀하의 발언으로 적절하지 않은 것은?

① 민원처리 결과에 대하여 고객의 의견 및 만족 여부를 확인하여 공사의 신뢰를 조성하도록 노력해야 해.
② 민원처리 시 감정이 상한 고객이 있다면 먼저 공감하는 자세로 고객의 마음을 헤아리도록 노력해야 해.
③ 적절한 해결책이 있다면 고객에게 제시하여 해결하도록 하고, 향후 반복적인 문제가 발생하지 않도록 개인 업무노트에 기록해 두고 수시로 확인하는 것이 중요해.
④ 사실을 확인한 민원에 대해서는 적절한 해결책이 무엇인지 모색하여야 하는데, 만약 우리 공사의 과실에 대한 것이라면 이를 인정하고 먼저 사과해야 해.
⑤ 고객이 민원을 제기할 때는 주장하는 내용을 정확하게 파악할 수 있도록 경청하는 것이 중요해. 만약 부정확한 내용이 있다면 반드시 다시 확인해야 해.

※ 다음 글을 읽고 이어지는 질문에 답하시오. [9~10]

귀하는 새로 추진하고 있는 중요한 프로젝트의 팀장을 맡았다. 그런데 어느 날부턴가 점점 사무실 분위기가 심상치 않았다. 귀하는 프로젝트의 원활한 진행을 위해서는 동료 간 화합이 무엇보다 중요하다고 생각하기 때문에 팀원들의 업무 행태를 관심 있게 지켜보기 시작했다. 그 결과, A사원이 사적인 약속 등을 핑계로 업무를 미루거나 주변의 눈치를 살피며 불성실한 자세로 근무하는 모습을 발견하였다. 또한, 발생한 문제에 대해 변명만 늘어놓는 태도로 일관해 프로젝트를 함께 진행하는 동료 직원들의 불만은 점점 쌓여만 가고 있었다.

09 '썩은 사과의 법칙'에 의하면, 팀 내 리더는 팀워크를 무너뜨리는 썩은 사과가 있을 때는 먼저 문제 상황에 대해 대화를 나누어 스스로 변화할 기회를 주어야 한다. 하지만 그 후로도 변화하지 않는다면 결단력을 가지고 썩은 사과를 내보내야 한다. 팀장으로서 취해야 할 귀하의 행동을 '썩은 사과의 법칙'의 관점에서 서술한 내용으로 적절하지 않은 것은?

① 귀하는 팀장으로서 먼저 A사원과 문제 상황에 대하여 대화를 나눠야 한다.
② A사원의 업무 행태가 끝내 변화하지 않을 경우, A사원을 팀에서 내보내야 한다.
③ 직원의 문제에 대해 명확한 지적보다는 간접적으로 인지하게 하여 스스로 변화할 기회를 준다.
④ '썩은 사과의 법칙'의 관점에서 A사원은 조직의 비전이나 방향은 생각하지 않고 자기중심적으로 행동하며 조직에 방해가 되는 사람이다.
⑤ 성실하지 못한 A사원의 행동으로 인해 업무에 상당한 지장이 발생하고 있다고 할지라도 A사원에게 변화할 기회를 주어야 한다.

10 멤버십 유형을 나누는 두 가지 축은 마인드를 나타내는 독립적 사고 축과 행동을 나타내는 적극적 실천 축으로 나누어진다. 이에 따라 멤버십 유형은 수동형·실무형·소외형·순응형·주도형으로 구분된다. 직장 동료와 팀장의 시각으로 볼 때, A사원의 업무 행태가 속하는 멤버십 유형으로 가장 적절한 것은?

① 소외형   ② 순응형
③ 실무형   ④ 수동형
⑤ 주도형

11 다음 중 논리적 사고의 요소로 적절하지 않은 것은?

① 설득
② 생각하는 습관
③ 추상적인 생각
④ 타인에 대한 이해
⑤ 상대 논리의 구조화

12 다음 중 문제해결을 위해 갖춰야 할 기본요소에 대한 설명으로 적절하지 않은 것은?

① 기존과 다른 방식으로 사고하기 위해 의식적인 노력을 기울인다.
② 조직의 기능단위 수준에서 현 문제점을 분석하고 해결안을 도출하기 위해 노력한다.
③ 문제해결에 관한 외부 강의 등을 수강하며, 문제해결을 위한 새로운 스킬을 습득한다.
④ 해결하기 어려운 문제에 당면하더라도 이를 통해 스스로를 더욱 발전시키겠다는 태도로 임한다.
⑤ 담당 업무에 대한 풍부한 지식과 경험을 통해서 해결하고자 하는 문제에 대한 지식을 갖추고자 노력한다.

13 다음 글에서 설명하는 창의적 사고를 개발하는 방법으로 가장 적절한 것은?

'신차 출시'라는 같은 주제에 대해서 판매방법, 판매대상 등의 힌트를 통해 사고 방향을 미리 정해서 발상한다. 이때, 판매방법이라는 힌트에 대해서는 '신규 해외 수출 지역을 물색한다.'라는 아이디어를 떠올릴 수 있을 것이다.

① 자유연상법
② 강제연상법
③ 비교발상법
④ 비교연상법
⑤ 자유발상법

14 다음 중 논리적 오류의 성격이 다른 것은?

① 노력하지 않으면 그에 따른 보상도 받을 수 없어. 결국 보상을 받지 못한 사람은 노력하지 않은 사람이야.

② 너에게 지게차를 운전할 수 있는 면허증이 있다면 지게차를 운전해 본 경험이 있을 거야. 지난번에 네가 지게차를 운전해 본 경험이 있다고 이야기했으니까 당연히 면허증이 있겠지?

③ 전 세계의 모든 사람이 서로를 사랑한다면 세계에 평화가 찾아올 것이다. 마침내 세계에 평화가 찾아왔다면 모든 사람은 서로를 사랑하고 있을 것이다.

④ 털이 긻을수록 더위를 많이 탄다고 하는데, 동생이 유난히 더위를 많이 타는 걸로 볼 때 우리 가족 중 털이 가장 많은 것이 틀림없다.

⑤ 시험 군제가 어렵다면 높은 점수를 받을 수 없으므로 이번 시험에서 쉬운 문제가 출제되면 높은 점수를 받을 수 있어.

15 퇴직을 앞둔 회사원 K씨는 1년 뒤 샐러드 도시락 프랜차이즈 가게를 운영하고자 한다. 다음은 K씨가 작성한 회사 근처 샐러드 도시락 프랜차이즈 가게에 대해 SWOT 분석 결과이다. 이에 따른 대응 전략으로 적절한 것을 〈보기〉에서 모두 고르면?

〈샐러드 도시락 프랜차이즈 가게 SWOT 분석 결과〉

강점(Strength)	약점(Weakness)
• 다양한 연령층을 고려한 메뉴 • 월별 새로운 메뉴 제공	• 부족한 할인 혜택 • 홍보 및 마케팅 전략의 부재
기회(Opportunity)	위협(Threat)
• 건강한 식단에 대한 관심 증가 • 회사원들의 간편식 점심 수요 증가	• 경기 침체로 인한 외식 소비 위축 • 주변 음식점과의 경쟁 심화

보기

ㄱ. 다양한 연령층이 이용할 수 있도록 새로운 한식 도시락을 출시한다.
ㄴ. 계절 채소를 이용한 샐러드 런치 메뉴를 출시한다.
ㄷ. 제품의 가격 상승을 유발하는 홍보 방안보다 먼저 품질 향상 방안을 마련해야 한다.
ㄹ. 주변 회사와 제휴하여 이용 고객에 대한 할인 서비스를 제공한다.

① ㄱ, ㄴ   ② ㄱ, ㄷ
③ ㄴ, ㄷ   ④ ㄴ, ㄹ
⑤ ㄷ, ㄹ

16 우리의 주위에는 수많은 정보가 있지만, 그 자체로는 의미가 없으며 정보를 분석하고 가공하여야만 정보로서의 가치를 가질 수 있다. 다음 중 정보분석에 대한 설명으로 옳지 않은 것은?

① 좋은 자료는 항상 훌륭한 분석이 될 수 있다.
② 반드시 고도의 수학적 기법을 요구하는 것만은 아니다.
③ 한 개의 정보로써 불분명한 사항을 다른 정보로써 명백히 할 수 있다.
④ 정보분석이란 여러 정보를 상호 관련지어 새로운 정보를 생성해 내는 활동이다.
⑤ 서로 상반되거나 큰 차이가 있는 정보의 내용을 판단해서 새로운 해석을 할 수 있다.

17 정보, 자료, 지식에 대한 설명으로 옳은 것을 〈보기〉에서 모두 고르면?

> **보기**
> ㄱ. 자료와 정보 가치의 크기는 절대적이다.
> ㄴ. 정보는 특정한 상황에 맞도록 평가한 의미 있는 기록이다.
> ㄷ. 정보는 사용하는 사람과 사용하는 시간에 따라 달라질 수 있다.
> ㄹ. 지식은 평가되지 않은 상태의 숫자나 문자들의 나열을 의미한다.

① ㄱ, ㄴ   ② ㄱ, ㄷ
③ ㄴ, ㄷ   ④ ㄴ, ㄹ
⑤ ㄷ, ㄹ

18 다음 상황에서 B사원이 제시할 해결방안으로 옳은 것은?

> A팀장 : 어제 부탁한 보고서 작성은 다 됐나?
> B사원 : 네, 제 컴퓨터의 '문서' 폴더를 공유해 놓았으니 보고서를 내려받으시면 됩니다.
> A팀장 : 내 컴퓨터의 인터넷은 잘 되는데, 혹시 자네 인터넷이 지금 문제가 있나?
> B사원 : (모니터를 들여다보며) 아닙니다. 잘 되는데요?
> A팀장 : 네트워크 그룹에서 자네의 컴퓨터만 나타나지 않네. 어떻게 해야 하지?

① 컴퓨터를 다시 시작해야 합니다.
② 디스크 검사를 실행해야 합니다.
③ 화면 보호기를 재설정해야 합니다.
④ 네트워크상의 작업 그룹명을 동일하게 해야 합니다.
⑤ 공유폴더의 사용권한 수준을 '소유자'로 지정해야 합니다.

19 다음 글에 나타난 K대학교의 문제해결을 위한 대안으로 옳은 것은?

> K대학교는 현재 학생 관리 프로그램, 교수 관리 프로그램, 성적 관리 프로그램의 3개의 응용 프로그램을 갖추고 있다. 학생 관리 프로그램은 학생 정보를 저장하고 있는 파일을, 교수 관리 프로그램은 교수 정보 파일을, 성적 관리 프로그램은 성적 정보 파일을 이용한다. 그러므로 각각의 응용 프로그램은 개별적인 파일을 이용한다.
>
> 이런 경우, 파일에는 많은 정보가 중복 저장되어 있다. 그렇기 때문에 중복된 정보가 수정되면 관련된 모든 파일을 수정해야 하는 불편함이 있다. 예를 들어, 한 학생이 자퇴하게 되면 학생 정보 파일뿐만 아니라 교수 정보 파일, 성적 정보 파일도 수정해야 하는 것이다.

① NFC 구축
② RFID 구축
③ 와이파이 구축
④ 유비쿼터스 구축
⑤ 데이터베이스 구축

20 A주임은 최근 개인정보 보호의 중요성을 실감하였고, 개인정보의 종류를 파악하기 위해 다음과 같이 표를 만들었다. ㉠~㉤에 들어갈 내용으로 옳지 않은 것은?

〈개인정보 종류별 내용〉

구분	내용
일반정보	이름, 주민등록번호, 운전면허정보, 주소, 전화번호, 생년월일, 출생지, 본적지, 성별, 국적 등
가족 정보	가족의 이름, 직업, 생년월일, ㉠, 출생지 등
교육 및 훈련정보	최종학력, 성적, 기술자격증 / 전문면허증, 이수훈련 프로그램, 서클 활동, 상벌사항, 성격 / 행태보고 등
병역 정보	군번 및 계급, 제대유형, 주특기, 근무부대 등
부동산 및 동산정보	소유주택 및 토지, ㉡, 저축현황, 현금카드, 주식 및 채권, 수집품, 고가의 예술품, 보석 등
소득정보	연봉, 소득의 원천, ㉢, 소득세 지불 현황 등
기타 수익정보	보험가입현황, 수익자, 회사의 판공비 등
신용정보	저당, 신용카드, 담보 설정 여부 등
고용정보	고용주, 회사주소, 상관의 이름, 직무수행평가 기록, 훈련기록, 상벌 기록 등
법적 정보	전과기록, 구속기록, 이혼기록 등
의료정보	가족병력기록, 과거 의료기록, 신체장애, 혈액형 등
조직정보	노조가입, ㉣, 클럽회원, 종교단체 활동 등
습관 및 취미 정보	흡연 / 음주량, 여가활동, 도박성향, ㉤ 등

① ㉠ : 주민등록번호
② ㉡ : 자동차
③ ㉢ : 대부상황
④ ㉣ : 정당 가입
⑤ ㉤ : 비디오 대여기록

21 다음 중 조직 문화의 특징으로 옳지 않은 것은?

① 조직 몰입도를 향상시킨다.
② 조직의 안정성을 유지하는 데 기여한다.
③ 조직 구성원들에게 일체감과 정체성을 준다.
④ 조직 구성원들 개개인의 다양성을 강화해 준다.
⑤ 구성 요소에는 리더십 스타일, 제도 및 절차, 구성원, 구조 등이 있다.

22 다음 사례에서 나타난 마이클 포터의 본원적 경쟁전략으로 옳은 것은?

전자제품 시장에서 경쟁회사가 가격을 낮추는 저가 전략을 사용하여 점유율을 높이려 하자, 이에 맞서 오히려 고급 기술을 적용한 고품질 프리미엄 제품을 선보이고 서비스를 강화해 시장의 점유율을 높였다.

① 차별화 전략   ② 원가우위 전략
③ 집중화 전략   ④ 비교우위 전략
⑤ 마케팅 전략

23 다음 중 〈보기〉와 같은 상황에서 사용된 차트와 그 설명이 옳은 것을 모두 고르면?

> **보기**
>
> 가. 직원 A는 자신의 맡은 프로젝트의 전체 일정을 체크하고 싶어 시간을 바(Bar) 형식으로 표시한 간트 차트(Gantt Chart)를 사용하여 전체 일정을 한눈에 볼 수 있도록 하였다.
> 나. 직원 B는 평상시에도 혼자 할 일, 협조가 필요한 일, 주의해야 할 일 등을 구분하기 어려워 이를 정리하기 위해 체크리스트(Checklist)를 사용하여 시간의 흐름대로 정리하였다.
> 다. 직원 C는 이번 업무를 마치고 보고서를 쓰기 위해 각 단계를 효과적으로 수행했는지 스스로 점검하기 위해 워크플로시트(Work Flow Sheet)를 만들어 업무별로 기대되는 수행수준을 달성했는지 확인해 보았다.

① 가   ② 가, 나
③ 가, 다   ④ 나, 다
⑤ 가, 나, 다

24 다음은 최팀장이 김사원에게 남긴 음성메시지이다. 김사원이 가장 먼저 처리해야 할 일은?

> 지금 업무 때문에 밖에 나와 있는데, 전화를 안 받아서 음성메시지 남겨요. 내가 중요한 서류를 안 가져왔어요. ㅁ 안한데 점심시간에 서류 좀 갖다 줄 수 있어요? 아, 그리고 이팀장한테 퇴근 전에 전화 좀 달라고 해줘요. 급한 건 아닌데 확인할 게 있어서 그래요. 나는 오늘 여기서 퇴근할 거니까 회사로 연락 오는 거 있으면 정리해서 오후에 알려 주고. 오전에 박과장이 문의사항이 있어서 방문하기로 했으니까 응대 잘 할 수 있도록 해요. 박과장이 문의한 사항은 관련 서류 정리해서 내 책상에 두었으니까 미리 읽어 보고 궁금한 사항 있으면 연락 주세요.

① 박과장 응대하기
② 최팀장에게 서류 갖다 주기
③ 이팀장에게 전화달라고 전하기
④ 최팀장 책상의 서류 읽어 보기
⑤ 회사로 온 연락 최팀장에게 알려 주기

25 경영의 4요소로 옳은 것을 〈보기〉에서 모두 고르면?

> **보기**
> ㄱ. 조직의 목적을 달성하기 위해 경영자가 수립하는 것으로, 더욱 구체적인 방법과 과정이 담겨 있다.
> ㄴ. 조직에서 일하는 구성원으로, 경영은 이들의 직무수행에 기초하여 이루어지기 때문에 이것의 배치 및 활용이 중요하다.
> ㄷ. 생산자가 상품 또는 서비스를 소비자에게 유통하는 데 관련된 모든 체계적 경영 활동이다.
> ㄹ. 특정 경제적 실체에 관하여 이해관계를 이루는 사람들에게 합리적인 경제적 의사결정을 하는 데 유용한 재구적 정보를 제공하기 위한 일련의 과정 또는 체계이다.
> ㅁ. 경경하는 데 사용할 수 있는 돈으로, 이것이 충분히 확보되는 정도에 따라 경영의 방향과 범위가 정해지게 된다.
> ㅂ. 조직이 변화하는 환경에 적응하기 위하여 경영활동을 체계화하는 것으로, 목표달성을 위한 수단이다.

① ㄱ, ㄴ, ㄷ, ㄹ   ② ㄱ, ㄴ, ㄷ, ㅁ
③ ㄱ, ㄴ, ㅁ, ㅂ   ④ ㄴ, ㄷ, ㅁ, ㅂ
⑤ ㄷ, ㄹ, ㅁ, ㅂ

3일 차
기출응용 모의고사

〈문항 및 시험시간〉

평가영역	문항 수	시험시간	모바일 OMR 답안분석	
의사소통능력＋대인관계능력＋ 문제해결능력＋정보능력＋조직이해능력	25문항	40분	제1회	제2회

3일 차 기출응용 모의고사

문항 수 : 25문항
시험시간 : 40분

제 **1** 회

01 다음 중 밑줄 친 단어의 쓰임이 적절하지 않은 것은?

① 그녀가 놓고 간 종이에는 <u>괴발개발</u> 낙서가 되어 있었다.
② 그는 아무것도 없는 창고를 바라보며 <u>엉기정기</u> 서 있었다.
③ 그는 화가 나면 아무에게나 <u>귀둥대둥</u> 굴어 대는 버릇이 있다.
④ 눈물이 고인 채 도로를 바라보니 불빛이 <u>어룽어룽</u>하게 보였다.
⑤ 그는 어릴 때부터 <u>씨억씨억</u>하게 잘 놀고 이따금 싸움도 하였다.

02 다음 글의 제목으로 가장 적절한 것은?

사회 방언은 지역 방언과 함께 2대 방언의 하나를 이룬다. 그러나 사회 방언은 지역 방언만큼 일찍부터 방언 학자의 주목을 받지는 못하였다. 어느 사회에나 사회 방언이 없지는 않았으나, 일반적으로 사회 방언 간의 차이는 지역 방언들 사이의 그것만큼 그렇게 뚜렷하지 않기 때문이었다. 가령 20대와 60대 사이에는 분명히 방언 차가 있지만 그 차이가 전라도 방언과 경상도 방언 사이의 그것만큼 현저하지는 않은 것이 일반적이며, 남자와 여자 사이의 방언 차 역시 마찬가지이다. 사회 계층 간의 방언 차는 사회에 따라서는 상당히 현격한 차이를 보여 일찍부터 논의의 대상이 되어 왔다. 인도에서의 카스트에 의해 분화된 방언, 미국에서의 흑인 영어의 특이성, 우리나라 일부 지역에서 발견되는 양반 계층과 일반 계층 사이의 방언 차 등이 그 대표적인 예이다. 이러한 사회 계층 간의 방언 분화는 최근 사회 언어학의 대두에 따라 점차 큰 관심의 대상이 되어 가고 있다.

① 사회 방언의 특징
② 부각되는 계층 간의 방언 분화
③ 사회 언어학의 대두와 사회 방언
④ 2대 방언 – 지역 방언과 사회 방언
⑤ 최근 두드러진 사회 방언에 대한 관심

03 다음 중 문서의 종류에 대한 설명으로 적절하지 않은 것은?

① 공문서는 정부 행정기관에서 대내적 혹은 대외적 공무를 집행하기 위해 작성하는 문서이다.

② 기안서는 회사의 업무에 대한 협조를 구하거나 의견을 전달할 때 작성하며 흔히 사내 공문서로 불린다.

③ 비즈니스 레터는 적극적으로 아이디어를 내고 기획한 하나의 프로젝트를 문서 형태로 만들어 상대방에게 그 내용을 전달하여 기획을 시행하도록 설득하는 문서이다.

④ 보도 자료는 정부 기관이나 기업체, 각종 단체 등이 언론을 상대로 자신들의 정보가 기사로 보도되도록 하기 위해 보내는 자료이다.

⑤ 보고서는 특정한 일에 관한 현황이나 그 진행 상황 또는 연구·검토 결과 등을 보고하고자 할 때 작성하는 문서이다.

04 다음 글의 빈칸에 들어갈 내용으로 가장 적절한 것은?

미학은 자연, 인생, 예술에 담긴 아름다움의 현상이나 가치 그리고 체험 따위를 연구하는 학문으로, 미적 현상이 지닌 본질이나 법칙성을 명백히 밝히는 학문이다. 본래 미학은 플라톤에서 비롯되었지만 오늘날처럼 미학이 독립된 학문으로 불린 것은 18세기 중엽 독일의 알렉산더 고틀리프 바움가르텐(Alexander Gottlieb Baumgarten)의 저서 『미학』에서 시작된다. 바움가르텐은 '미(美)'란 감성적 인식의 완전한 것으로, 감성적 인식의 학문은 미의 학문이라고 생각했다. 여기서 근대 미학의 방향이 개척되었다.

미학에 대한 연구는 심리학·사회학·철학 등 다양한 각도에서 시도할 수 있다. 또한 미적 사실을 어떻게 보느냐에 따라서 미학의 성향도 달라지며, ＿＿＿＿＿＿＿＿＿＿＿＿＿ 예컨대 고전 미학은 영원히 변하지 않는 초감각적 존재로서의 미의 이념을 추구하고, 근대 미학은 감성적 인식 때문에 포착된 현상으로서 미적인 것을 대상으로 한다. 여기서 미적인 것은 우리들의 인식에 비치는 아름다움을 말한다.

미학을 연구하는 사람들은 이러한 미적 의식 및 예술의 관계를 해명하는 것을 주된 과제로 삼는다. 그들에게 '아름다움'을 성립시키는 주관적 원리는 가장 중요한 것으로 미학은 우리에게 즐거움과 기쁨을 안겨주며, 인생을 충실하고 행복하게 해준다. 더 나아가 오늘날에는 이러한 미적 현상의 해명에 사회학적 방법을 적용하려는 '사회학적 미학'이나, 분석 철학의 언어 분석 방법을 미학에 적용하려고 하는 '분석미학' 등 다채로운 연구 분야가 개척되고 있다.

① 근대 미학은 고전 미학의 개념에서 부분적으로 응용한 것이다.

② 따라서 미학은 이분법적인 원리로 적용할 수 없다.

③ 최근에는 미학의 새로운 분야를 개척하고 있다.

④ 추구하는 이념과 대상도 시대에 따라 다르다.

⑤ 다른 학문과 달리 미학의 경계는 모호하다.

05 다음 글에 대한 평가로 가장 적절한 것은?

> 대중문화는 매스미디어의 급속한 발전과 더불어 급속히 대중 속에 파고든, 젊은 세대를 중심으로 이루어진 문화를 의미한다. 그들은 TV 속에서 그들의 우상을 찾아 이를 모방하는 것으로 대리 만족을 느끼고자 한다. 그러나 대중문화라고 해서 반드시 젊은 사람을 중심으로 이루어지는 것은 아니다. 넓은 의미에서의 대중문화는 사실 남녀노소 누구나가 느낄 수 있는 우리 문화의 대부분을 의미할 수 있다. 따라서 대중문화가 우리 생활에서 차지하는 비중은 가히 상상을 초월하며 우리의 사고 하나하나가 대중문화와 떼어놓고 생각할 수 없는 것이다.

① 앞, 뒤에서 서로 모순되는 내용을 설명하고 있다.
② 충분한 사례를 들어 자신의 주장을 뒷받침하고 있다.
③ 사실과 다른 내용을 사실인 것처럼 논거로 삼고 있다.
④ 말하려는 내용 없이 지나치게 기교를 부리려고 하였다.
⑤ 적절한 비유를 들어 중심 생각을 효과적으로 전달했다.

06 다음 상황을 읽고 감정은행계좌에 대한 설명으로 적절하지 않은 것을 고르면?

> • A는 술만 먹으면 아무것도 아닌 일로 동료들과 언성을 높이는데, 그런 일이 있고난 후에는 그 동료에게 사과하고 음료수나 점심을 사곤 한다. 어제도 또다시 동료와 술자리에서 다투었고, 오늘 아침에 다시 그 동료에게 음료수를 주며 사과하였다.
> • 해외 출장업무를 떠나는 상사가 팀원들에게 내가 없더라도 맡은 일을 충실히 하라고 당부하자, B는 "여기 일은 아무 염려 마시고 출장 잘 다녀오십시오."라고 답변하였다. 그 후 상사가 해외 출장업무를 떠나자 B는 몸이 아파 병원에 다녀온다고 나가서는 퇴근시간이 다 되어서야 들어왔다.
> • 원래 비가 내린다는 예보가 없었는데 퇴근시간에 갑자기 비가 쏟아지기 시작하였다. C는 마침 우산이 2개가 있어서 한 개를 두 여직원 중에서 정장을 입고 온 여직원에게 빌려 주었다. 다음 날 우산을 빌려 간 여직원은 밝게 웃으며 업무를 하고 있었지만, 다른 여직원은 아침부터 한마디도 하지 않고 업무만 하고 있었다.
> • D는 자신의 팀이 맡은 프로젝트가 끝나면 크게 회식을 하자고 약속을 해놓고는, 프로젝트가 끝난 지 한 달이 넘도록 아무 말 없이 회식을 하지 않았다.
> • E는 평소 예의 바르기로 소문이 자자한 사람이다. 업무능력도 뛰어나고 동료들과의 마찰도 거의 없다. 하지만 점심을 먹을 때나 회식 자리에서 자리에 없는 동료들에 대한 비난을 쏟아내곤 한다.

① A는 자신의 잘못이 반복될 때마다 매번 사과하였으므로 감정은행계좌 예입 행위에 해당한다.
② B의 행위는 타인의 기대를 저버린 행위이므로 감정은행계좌 인출 행위에 해당한다.
③ C의 행위는 사소한 일에 대한 관심을 소홀히 한 행위이므로 감정은행계좌 인출 행위에 해당한다.
④ D의 행위는 상대방과 한 약속을 지키지 않은 행위이므로 감정은행계좌 인출 행위에 해당한다.
⑤ E의 행위는 자신에 대한 상대방의 기대에 부응하지 않는 행위이므로 감정은행계좌 인출 행위에 해당한다.

07 K사에 근무하는 A부장은 현재 자신의 부서에 부족한 팀워크를 해결하기 위해 아침회의 전에 부서 사원들에게 조언하고자 한다. 다음 중 A부장이 건넬 조언으로 가장 적절한 것은?

① 자기중심적인 개인주의가 필요합니다.

② 솔직한 대화로 서로를 이해해야 합니다.

③ 강한 자신감보다는 신중함이 필요합니다.

④ 사원들 간의 사고방식 차이는 있을 수 없습니다.

⑤ 조직에 대한 이해보다는 나 자신을 이해해야 합니다.

08 다음 중 임파워먼트를 통해 나타나는 특징으로 적절하지 않은 것은?

① 구성원들 스스로 일에 대한 흥미를 느끼도록 해준다.

② 구성원들이 자신의 업무가 존중받고 있음을 느끼게 해준다.

③ 구성원들 간의 긍정적인 인간관계 형성에 도움을 줄 수 있다.

④ 구성원들이 현상을 유지하고 조직에 순응하는 모습을 기대할 수 있다.

⑤ 구성원들로 하여금 업무에 대해 계속해서 도전하고 성장할 수 있도록 유도할 수 있다.

09 다음 사례에서 나타나는 잘못된 고객응대 자세는?

> 직원 A씨는 규모가 큰 대형 마트에서 육류제품의 유통 업무를 담당하고 있다. 전화벨이 울리고 신속하게 인사와 함께 전화를 받았는데 채소류에 관련된 업무 문의였다. 직원 A씨는 고객에게 자신은 채소류에 관련된 담당자가 아니라고 설명하고, "지금 거신 전화는 육류에 관련된 부서로 연결되어 있습니다. 채소류 관련 부서로 전화를 돌려드릴 테니 잠시만 기다려 주십시오."라고 말하고 타 부서로 돌렸다.

① 신속하게 전화를 받지 않았다.

② 자신의 직위를 밝히지 않았다.

③ 기다려 주신 데 대한 인사를 하지 않았다.

④ 고객의 기다림에 대해 양해를 구하지 않았다.

⑤ 전화를 다른 부서로 돌려도 괜찮은지 묻지 않았다.

10 다음은 협상과정을 5단계로 구분한 것이다. 빈칸 ㉠~㉤에 들어갈 내용으로 적절하지 않은 것은?

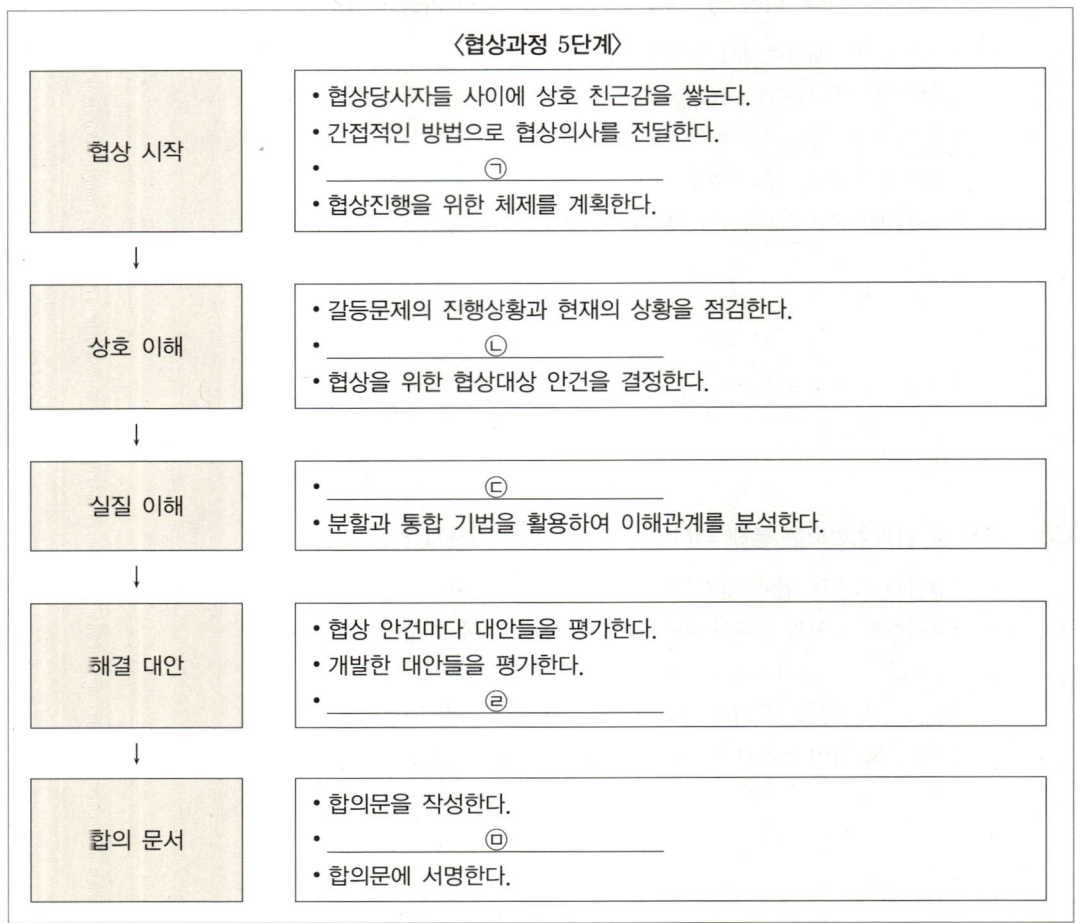

〈협상과정 5단계〉

협상 시작
- 협상당사자들 사이에 상호 친근감을 쌓는다.
- 간접적인 방법으로 협상의사를 전달한다.
- _____㉠_____
- 협상진행을 위한 체제를 계획한다.

↓

상호 이해
- 갈등문제의 진행상황과 현재의 상황을 점검한다.
- _____㉡_____
- 협상을 위한 협상대상 안건을 결정한다.

↓

실질 이해
- _____㉢_____
- 분할과 통합 기법을 활용하여 이해관계를 분석한다.

↓

해결 대안
- 협상 안건마다 대안들을 평가한다.
- 개발한 대안들을 평가한다.
- _____㉣_____

↓

합의 문서
- 합의문을 작성한다.
- _____㉤_____
- 합의문에 서명한다.

① ㉠ : 상대방의 협상의지를 확인한다.

② ㉡ : 최선의 대안에 대해서 합의하고 선택한다.

③ ㉢ : 겉으로 주장하는 것과 실제로 원하는 것을 구분하여 실제로 원하는 것을 찾아낸다.

④ ㉣ : 대안 이행을 위한 실행계획을 수립한다.

⑤ ㉤ : 합의내용, 용어 등을 재점검한다.

11 다음 글의 빈칸에 들어갈 말로 적절하지 않은 것은?

> 창의적 사고는 창조적인 가능성이다. 여기에는 '문제를 사전에 찾아내는 힘', '문제 해결에 있어서 다각도로 힌트를 찾아내는 힘', 그리고 '문제해결을 위해 끈기 있게 도전하는 태도' 등이 포함된다. 다시 말해서 창의적 사고에는 사고력을 비롯하여 성격, 태도에 걸친 전인격적인 가능성까지도 포함된다. 이러한 창의적 사고는 창의력 교육훈련을 통해 개발할 수 있으며, _____일수록 높은 창의력을 보인다.

① 모험적　　　　　　　　　　　② 객관적
③ 예술적　　　　　　　　　　　④ 적극적
⑤ 자유분방적

12 비판적 사고에 대해 잘못 설명하고 있는 사람을 〈보기〉에서 모두 고르면?

> **보기**
> • A : 비판적 사고의 목적은 주장의 단점을 명확히 파악하는 것이다.
> • B : 맹목적이고 무원칙적인 사고는 비판적 사고라 할 수 없다.
> • C : 비판적 사고를 하기 위해서는 감정을 철저히 배제한 중립적 입장에서 주장을 파악해야 한다.
> • D : 비판적 사고는 타고난 것이므로 학습을 통한 배움에는 한계가 있다.
> • E : 비판적 사고는 어떤 주장에 대해 적극적으로 분석하는 것이다.

① A, C　　　　　　　　　　　② A, D
③ B, D　　　　　　　　　　　④ C, E
⑤ D, E

13 다음 제시된 오류와 가장 관련 있는 사례는?

> 개인적인 친분을 내세워 자신의 논지를 받아들이게 하는 오류이다.

① 아직도 담배를 끊지 못하는 걸 보니 폐암에 걸리고 싶은가 봐.
② 네가 우리 중에 가장 똑똑하잖아. 네가 이번 여행의 총무를 맡는다면 안심할 수 있을 것 같아.
③ 이제 날 도와줄 사람은 너밖에 없어. 네가 도와주지 않는다면 나는 아무것도 할 수 없을 거야.
④ 우리가 파업에 들어가면 회사는 타격을 입을 수밖에 없어. 따라서 회사는 우리의 요구조건을 들어줘야 해.
⑤ 이번 일이 자네 생각과 다르더라도 회사의 방침대로 진행해 주게. 위에서 내려온 방침이라 나도 어쩔 수 없다네.

14 국제영호-제 행사에 참석한 K씨는 〈조건〉에 따라 A ~ F영화 여섯 편을 5월 1일부터 5월 6일까지 하루에 한 편씩 보려고 한다. 다음 중 항상 참인 것은?

> **조건**
> • F영화는 3일과 4일 중 하루만 상영된다.
> • D영화는 C영화가 상영된 날 이틀 후에 상영된다.
> • B영화는 C, D영화보다 먼저 상영된다.
> • 첫째 날 B영화를 본다면, 5일에 반드시 A영화를 본다.

① A영호는 C영화보다 먼저 상영될 수 없다.
② B영호는 1일 또는 2일에 상영된다.
③ C영호는 E영화보다 먼저 상영된다.
④ D영호는 5일이나 폐막작으로 상영될 수 없다.
⑤ E영화는 개막작이나 폐막작으로 상영된다.

15 다음 중 문제해결절차에 따라 (가) ~ (마)를 순서대로 바르게 나열한 것은?

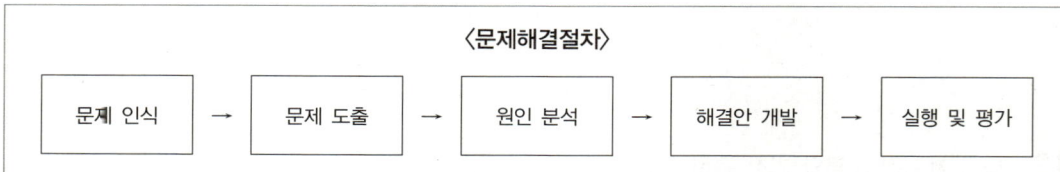

〈문제해결절차〉

문제 인식 → 문제 도출 → 원인 분석 → 해결안 개발 → 실행 및 평가

(가) 파악된 핵심문제에 대한 분석을 통해 근본 원인을 도출한다.
(나) 실행계획을 실제 상황에 적용하는 활동으로 당초 장애가 되는 문제의 원인들을 해결안을 사용하여 제거한다.
(다) 해결해야 할 전체 문제를 파악하여 우선순위를 정하고, 선정 문제에 대한 목표를 명확히 한다.
(라) 문제로부터 도출된 근본 원인을 효과적으로 해결할 수 있는 최적의 해결방안을 수립한다.
(마) 선정된 문제를 분석하여 해결해야 할 것이 무엇인지를 명확히 한다.

① (가) – (나) – (다) – (라) – (마) ② (나) – (마) – (가) – (라) – (다)
③ (다) – (가) – (마) – (나) – (라) ④ (다) – (마) – (가) – (라) – (나)
⑤ (라) – (다) – (마) – (가) – (나)

16 K공사의 전산팀은 업무자료의 유출을 방지하기 위해 직원들의 개인 PC 보안 강화를 위한 다양한 방법을 제시했다. 다음 중 그 방법으로 옳지 않은 것은?

① CMOS 비밀번호 설정
② 윈도우 로그인 비밀번호 설정
③ 암호화된 문서의 비밀번호 설정
④ 백신프로그램의 주기적인 업데이트
⑤ 화면보호기 설정 및 공유폴더 사용

17 다음은 자료와 정보, 지식에 대한 설명이다. 이에 따라 이들을 구분할 때, K사의 상황에 맞게 빈칸에 들어갈 내용으로 옳지 않은 것은?

- 정보와 지식, 자료(데이터)의 고전적인 구분은 McDonough가 그의 책 『정보경제학』에서 시도하였다. 그는 비교적 단순한 방법으로 정보와 지식, 데이터를 구분하고 있다. 즉, 자료(데이터)는 '가치가 평가되지 않은 메시지', 정보는 '특정상황에서 평가된 데이터', 지식은 '정보가 더 넓은 시간·내용의 관계를 나타내는 것'이라고 정의하였다.
- 자동차 업종인 K사는 최근 1년간 자사 자동차를 구매한 고객들의 주문기종을 조사하여 조사결과를 향후 출시할 자동차 설계에 반영하고자 한다.

자료(Data) ⇨ 객관적 실재의 반영이며, 그것을 전달할 수 있도록 기호화한 것 ⇨ ㉠

⇩

정보(Information) ⇨ 자료를 특정한 목적과 문제해결에 도움이 되도록 가공한 것 ⇨ ㉡

⇩

지식(Knowledge) ⇨ 정보를 모으고 체계화하여 장래의 일반적인 사항에 대비해 보편성을 갖도록 한 것 ⇨ ㉢

① ㉠ : 최근 1년간 K사 자동차 구입 고객의 연령, 성별, 구입 자동차의 차종 및 배기량 등
② ㉡ : 구매대수 증가율이 가장 높은 차종
③ ㉡ : 유가 변화에 따른 K사 판매지점 수 변화
④ ㉢ : 연령별 선호 디자인 트렌드 파악
⑤ ㉢ : 선호 배기량 트렌드에 맞는 신규 차종 개발

※ K씨는 쇼핑몰 창업 준비를 위한 강연을 준비 중이다. K씨는 강연 준비를 위해 5W2H 원칙에 맞추어 다음과 같은 자료를 작성하였다. 이어지는 질문에 답하시오. **[18~19]**

〈쇼핑몰 창업 준비를 위한 강연〉

구분	의견
What (무엇을)	• 쇼핑몰 창업의 준비단계를 알려주는 정보성 강연을 계획 중이다. • _____ ㉠ _____
Why (왜)	• 취업난과 창업 시장의 활성화로 창업에 뛰어드는 사람들이 많아졌다. • _____ ㉡ _____
Who (누가)	• 창업 전문가, 사업계획서 전문가를 모셔서 진행할 예정이다. • _____ ㉢ _____
Where (어디서)	• _____ ㉣ _____
When (언제)	• 오후 1시부터 오후 3시까지 완료할 예정이다. • _____ ㉤ _____
How (어떻게)	• _____ (A) _____
How Much (얼마나)	• 장소 대여비, 외부강사비 등에 따라 변동 가능

18 다음 중 빈칸 ㉠~㉤에 들어갈 내용을 바르게 짝지은 것은?

① ㉠ : 창업의 수요가 늘어나고 있다.
② ㉡ : 대부분의 사람들이 창업의 첫 시작에 대한 정보가 부족하다.
③ ㉢ : 직장인들을 위해 주말 시간도 이용할 예정이다.
④ ㉣ : 창업을 준비하는 사람 300명이 대상자이다.
⑤ ㉤ : 300명이 들을 수 있는 강연장을 준비할 예정이다.

19 다음 중 빈칸 (A)에 들어갈 내용으로 옳지 않은 것은?

① 온라인 신청
② 포털사이트 광고
③ 홈페이지 배너 광고
④ 소셜커머스를 이용한 판매
⑤ 2인 이상 예약 시 할인 혜택

20 응용 소프트웨어의 특성에 대한 설명으로 옳은 것을 〈보기〉에서 모두 고르면?

> **보기**
>
> ㄱ. 여러 형태의 문서를 작성, 편집, 저장, 인쇄할 수 있는 프로그램을 스프레드 시트(Spread Sheet)라 한다.
> ㄴ. 유틸리티 프로그램은 대표적인 응용 소프트웨어로서, 크기가 작고 기능이 단순하다는 특징을 가지고 있다.
> ㄷ. 워드프로세서의 주요기능으로는 입력기능, 표시기능, 저장기능, 편집기능, 인쇄기능이 있다.
> ㄹ. 스프레드 시트의 구성단위는 셀, 열, 행, 영역 4가지이다.

① ㄱ, ㄴ   ② ㄱ, ㄷ
③ ㄴ, ㄷ   ④ ㄴ, ㄹ
⑤ ㄷ, ㄹ

21 다음은 마이클 포터(Michael E. Porter)의 본원적 경쟁 전략에 대한 설명이다. 빈칸 ㉠ ~ ㉢에 들어갈 용어를 바르게 짝지은 것은?

> 본원적 경쟁 전략은 해당 사업에서 경쟁 우위를 확보하기 위한 전략으로, ___㉠___ 전략, ___㉡___ 전략, ___㉢___ 전략으로 구분된다.
>
> ___㉠___ 전략은 원가절감을 통해 해당 산업에서 우위를 점하는 전략으로, 이를 위해서는 대량생산을 통해 단위 원가를 낮추거나 새로운 생산기술을 개발할 필요가 있다. 여기에는 1970년대 우리나라의 섬유업체나 신발업체, 가발업체 등이 미국시장에 진출할 때 취한 전략이 해당한다.
>
> ___㉡___ 전략은 조직이 생산품이나 서비스를 ___㉡___ 하여 고객에게 가치가 있고 독특하게 인식되도록 하는 전략이다. ___㉡___ 전략을 활용하기 위해서는 연구개발이나 광고를 통하여 기술, 품질, 서비스, 브랜드이미지를 개선할 필요가 있다.
>
> ___㉢___ 전략은 특정 시장이나 고객에게 한정된 전략으로, ___㉠___ 나 ___㉡___ 전략이 산업 전체를 대상으로 하는 데 비해 ___㉢___ 전략은 특정 산업을 대상으로 한다. 즉, ___㉢___ 전략은 경쟁조직들이 소홀히 하고 있는 한정된 시장을 ___㉠___ 나 ___㉡___ 전략을 써서 집중적으로 공략하는 방법이다.

	㉠	㉡	㉢
①	원가우위	차별화	집중화
②	원가우위	집중화	차별화
③	차별화	집중화	원가우위
④	집중화	원가우위	차별화
⑤	집중화	차별화	원가우위

22 다음 글의 밑줄 친 ㉠, ㉡에 대한 설명으로 옳은 것은?

> 조직 구조는 조직마다 다양하게 이루어지며, 조직 목표의 효과적 달성에 영향을 미친다. 조직 구조에 대한 많은 연구를 통해 조직 구조에 영향을 미치는 요인으로는 조직의 전략, 규모, 기술, 환경 등이 있음을 확인할 수 있으며, 이에 따라 ㉠ 기계적 조직 혹은 ㉡ 유기적 조직으로 설계된다.

① 안정적이고 확실한 환경에서는 ㉠이, 급변하는 환경에서는 ㉡이 적합하다.
② ㉠은 규제나 통제의 정도가 낮아, 의사소통 결정이 쉽게 변할 수 있다.
③ ㉠은 의사결정 권한이 조직의 하부구성원들에게 많이 위임되어 있다.
④ ㉡은 상하 간의 의사소통이 공식적인 경로를 통해 이루어진다.
⑤ ㉡은 구성원들의 업무가 분명하게 정의된다.

23 다음 상황에서 K주임이 처리해야 할 업무 순서로 옳은 것은?

> 안녕하세요, K주임님. 언론홍보팀 L대리입니다. 다름이 아니라 이번에 공사에서 진행하는 '소셜벤처 성장지원사업'에 관한 보도 자료를 작성하려고 하는데, 디지털소통팀의 업무 협조가 필요하여 연락드렸습니다. 디지털소통팀 P팀장님께 K주임님이 협조해 주신다는 이야기를 전해 들었습니다. 자세한 요청 사항은 회의를 통해서 말씀드리도록 하겠습니다. 혹시 내일 오전 10시에 회의를 진행해도 괜찮을까요? 일정 확인하시고 오늘 내로 답변 주시면 감사하겠습니다. 일단 회의 전에 알아두시면 좋을 것 같은 자료는 메일로 발송하였습니다. 회의 전에 미리 확인하셔서 관련 사항을 숙지하시고 회의에 참석해 주시면 좋을 것 같습니다. 아! 그리고 오늘 2시에 홍보실 각 팀 팀장 회의가 있다고 하니, P팀장님께 꼭 전해 주세요.

① 팀장 회의 참석 – 익일 업무 일정 확인 – 메일 확인 – 회의 일정 답변 전달
② 팀장 회의 참석 – 메일 확인 – 익일 업무 일정 확인 – 회의 일정 답변 전달
③ 팀장 회의 일정 전달 – 메일 확인 – 회의 일정 답변 전달 – 익일 업무 일정 확인
④ 팀장 회의 일정 전달 – 익일 업무 일정 확인 – 회의 일정 답변 전달 – 메일 확인
⑤ 팀장 회의 일정 전달 – 익일 업무 일정 확인 – 메일 확인 – 회의 일정 답변 전달

지난해 K기업은 총매출 기준으로 1조 2,490억 원을 달성했다. 이는 대한민국 인구 5,000만 명을 기준으로 했을 때, 인당 K기업 제품을 연간 약 20개를 구입한 셈이다. 평균가 1,200원 제품을 기준으로 했을 때는 연간 총 약 10억 개가 팔린 수치다. 하루 평균 약 273만 개, 시간당 약 11만 개, 분당 약 1,830개, 초당 약 30개가 팔린 것이다. K기업 매장을 이용하는 고객 수도 일일 60만 명에 이르고 있다. 요즘 SNS상에는 K기업이라는 이름보다 '다있소'라는 말이 더 많이 검색된다. "오늘 다있소에서 득템했어.", "다있소의 희귀템 추천합니다." 등은 없는 것이 없는 K기업을 지칭하는 말이다. 이같이 인식시킬 수 있었던 비결에는 K기업만의 차별화된 콘셉트와 마케팅 전략이 숨어 있기 때문이라고 회사는 설명한다. ㉠ 1,000원 상품 비중이 50% 이상, 국산 제품 비중이 50% 이상이어야 한다는 기본 경영철학하에 가격 고정이라는 카테고리 전략을 펼친 것이다. 이것에 승부를 걸어온 K기업은 전국 어디에서나 일상생활에 필요한 모든 상품을 공급한다는 차별화된 정책을 지속시키고 있다. 과거에는 불황시대의 산물로써 비춰진 적도 있었지만, 불황이나 호황에 구애받지 않는 것 또한 K기업만의 차별화된 행보다. 매월 600여 개의 신제품을 쏟아내는 것 역시 K기업만의 차별화된 소싱 능력으로 꼽을 수 있다.

24 다음 중 윗글의 밑줄 친 ㉠에 해당하는 K기업의 경영전략은?

① 혁신 전략
② 집중화 전략
③ 차별화 전략
④ 비차별화전략
⑤ 원가우위 전략

25 경영전략은 전략 목표 설정, 전략 환경 분석, 경영전략 도출, 경영전략 실행, 전략 평가 및 피드백의 단계로 실행된다. 다음 중 윗글의 사례가 해당하는 단계는?

① 전략 목표 설정
② 전략 환경 분석
③ 경영전략 도출
④ 경영전략 실행
⑤ 전략 평가 및 피드백

01 다음 글의 합리주의 이론에 근거하여 추론한 내용으로 적절하지 않은 것은?

> 어린이의 언어습득을 설명하는 이론에는 두 가지가 있다. 하나는 경험주의적인 혹은 행동주의적인 이론이고,
> 다른 하나는 합리주의적인 이론이다. 경험주의 이론에 의하면 어린이가 언어를 습득하는 것은 어떤 선천적인
> 능력에 의한 것이 아니라 경험적인 훈련에 의해서 오로지 후천적으로만 이루어진다. 한편, 다른 이론에 따르
> 면 어린이가 언어를 습득하는 것은 거의 전적으로 타고난 특수한 언어학습 능력과 일반 언어 구조에 대한
> 추상적인 선험적 지식에 의한 것이다.

① 인간은 언어습득 능력을 가지고 태어난다.
② 일정한 나이가 되면 모든 어린이가 예외 없이 언어를 통달하게 된다.
③ 많은 현실적 악조건에도 불구하고 어린이는 완전한 언어능력을 갖출 수 있게 된다.
④ 어린이는 백지상태에서 출발하여 반복연습과 시행착오, 교정에 의해서 언어라는 습관을 형성한다.
⑤ 언어가 극도로 추상적이고 고도로 복잡한데도 불구하고 어린이들이 짧은 시일 안에 언어를 습득한다.

02 다음 글의 주제로 가장 적절한 것은?

> 우리사회는 타의 추종을 불허할 정도로 빠르게 변화하고 있다. 가족정책도 4인 가족 중심에서 1 ~ 2인 가구
> 중심으로 변해야 하며, 청년실업율과 비정규직화, 독거노인의 증가를 더 이상 개인의 문제가 아닌 사회문제
> 로 다뤄야 하는 시기이다. 여러 유형의 가구와 생애주기 변화, 다양해지는 수요에 맞춘 공동체 주택이야말로
> 최고의 주거복지사업이다. 공동체 주택은 공동의 목표와 가치를 가진 사람들이 커뮤니티를 이뤄 사회문제에
> 공동으로 대처해 나가도록 돕고, 나아가 지역사회와도 연결시키는 작업을 진행하고 있다.
> 임대료 부담으로 작품활동이나 생계에 어려움을 겪는 예술인을 위한 공동주택, 1인 창업과 취업을 위해 골몰
> 하는 청년을 위한 주택, 지속적인 의료서비스가 필요한 환자나 고령자를 위한 의료안심주택은 모두 시민의
> 삶의 질을 높이고 선별적 복지가 아닌 복지사회를 이루기 위한 노력의 일환이다. 혼자가 아닌 '함께 가는'
> 길에 더 나은 삶이 있기 때문에 오늘도 수요자 맞춤형 공공주택은 수요자에 맞게 진화하고 있다.

① 4차 산업혁명과 주거복지　　　　　　　② 선별적 복지 정책의 긍정적 결과
③ 수요자- 중심의 대출규제 완화　　　　　④ 주거난에 대비하는 주거복지 정책
⑤ 다양성을 수용하는 주거복지 정책

03 A사원은 직장 내에서의 의사소통능력 향상 방법에 대한 강연을 들으면서 다음과 같이 메모하였다. A사원이 잘못 작성한 내용은 모두 몇 개인가?

〈2025년 9월 15일 의사소통능력 향상 방법 강연을 듣고...〉

• 의사소통의 저해 요인

··· (중략) ···

• 의사소통에 있어 자신이나 타인의 느낌을 건설적으로 처리하는 방법

  ㉠ 얼굴을 붉히는 것과 같은 간접적 표현을 피한다.

  ㉡ 자신의 감정을 주체하지 못하고 과격한 행동을 하지 않는다.

  ㉢ 자신의 감정 상태에 대한 책임을 타인에게 전가하지 않는다.

  ㉣ 자신의 감정을 조절하기 위하여 상대방으로 하여금 그의 행동을 변하도록 강요하지 않는다.

  ㉤ 자신의 감정을 명확하게 하지 못할 경우라도 즉각적인 의사소통이 될 수 있도록 노력한다.

---

① 1개

② 2개

③ 3개

④ 4개

⑤ 없음

04 다음 문단을 논리적 순서대로 바르게 나열한 것은?

(가) 좋은 체력은 하루 이틀 사이에 만들어지지 않으며 이를 위해서는 공부, 식사, 수면, 운동의 개인별 특성에 맞는 규칙적인 생활관리와 알맞은 영양 공급이 필수적이다. 또 청소년기는 신체적으로도 급격한 성장과 성숙이 이루어지는 중요한 시기이다. 따라서 좋은 영양 상태를 유지하는 것은 수험을 위한 체력의 기반을 다지는 것뿐만 아니라 건강하고 활기찬 장래를 위한 준비가 된다는 점을 간과해서는 안 된다.

(나) 우리나라의 중·고교생들은 많은 수가 입시전쟁을 치러야 하는 입장에 있다. 입시 준비 기간이라는 어려운 기간을 잘 이겨내어 각자가 지닌 목표를 달성하려면 꾸준한 노력과 총명한 두뇌도 물론 중요하지만 마지막 승부수는 체력일 것이다.

(다) 그러나 학생들은 많은 학습량, 수험으로 인한 스트레스, 밤새우기 등 불규칙한 생활을 하게 된다. 또한 식생활에 있어서도 아침을 거르고, 제한된 도시락 반찬으로 인한 불충분한 영양소 섭취, 잦은 야식, 미용을 위하여 무리하게 식사를 거르거나 절식을 하여 건강을 해치기도 한다. 게다가 집 밖에서 보내는 시간이 많아 주로 패스트푸드, 편의식품점, 자동판매기를 통해 식사를 대체하고 있다.

---

① (가) – (나) – (다)

② (가) – (다) – (나)

③ (나) – (가) – (다)

④ (나) – (다) – (가)

⑤ (다) – (가) – (나)

05 다음 글의 빈칸에 들어갈 접속어로 가장 적절한 것은?

'딥페이크(Deepfake)'란 딥러닝(Deep Learning)과 페이크(Fake)의 합성어로, 인공지능(AI)을 이용해 제작된 가짜 동영상 또는 가짜 동영상 제작 프로세스 자체를 의미한다. 딥페이크는 생성적 적대 신경망(GAN)이라는 기계학습 기술을 사용하여 사진이나 영상을 원본 영상에 겹쳐서 만들어 낸다. 이는 미국의 한 네티즌이 온라인 소셜 커뮤니티인 '레딧(Reddit)'에 할리우드 배우의 얼굴과 포르노 영상 속 인물의 얼굴을 악의적으로 합성한 편집물을 올리면서 시작되었다. 연예인이나 정치인 등 유명인뿐만 아니라 일반인도 딥페이크의 피해자가 될 수 있다는 우려가 커지면서 사회적 문제가 되고 있다.

＿＿＿＿ 딥페이크 기술을 유용하게 쓰는 방안도 등장했다. 과학기술 전문지〈뉴 사이언티스트〉에 따르면 이스라엘의 기업인 '캐니 인공지능(Canny AI)'은 한 동영상을 여러 다른 언어로 제작하는 데 딥페이크 기술을 이용하고 있다. 이 기업은 유명 연예인이 촬영한 광고나 홍보 동영상을 딥페이크 기술을 활용하여 다양한 언어로 더빙하고 있으며, 향후 텔레비전 프로그램이나 영화 더빙에 이를 확대 적용할 예정이다.

① 즉   ② 한편

③ 그래서   ④ 그러므로

⑤ 이를 통해

06 대인관계능력이 성공과 밀접한 관련이 있다고 할 경우, 다음 중 직장생활에서 가장 성공하기 어려운 사람은?

- A가 근무하는 부서에 신입사원 B가 입사하였다. 평소 A는 입사 때 회사 선배로부터 일을 제대로 못 배워 동기들보다 승진이 늦어졌다고 생각하여, B에게 일을 제대로 가르친다는 생각으로 잘한 점은 도외시하고 못한 점만 과도하게 지적하여 B가 항상 긴장 상태에서 일 처리를 하도록 하였다.
- C의 입사동기이자 업무능력이 뛰어난 동료 D는 회사의 큰 프로젝트를 담당하고 있으며, 이 프로젝트를 성공리에 완수할 경우 올해 말에 C보다 먼저 승진할 가능성이 높았다. 그럼에도 불구하고, D가 업무 도움을 요청하자 C는 흔쾌히 D의 업무를 도와주었다.
- E는 소속팀이 작년 연말평가에서 최하 등급을 받아 팀 내 분위기가 어수선해지자 팀의 발전이 자신의 발전이라고 생각하였다. 그래서 매일 아침에 모닝커피를 타서 팀원 전체에게 돌리고, 팀 내의 힘들고 궂은일을 솔선수범하여 처리하였다.
- F는 대인관계에서 가장 중요한 것은 인간관계 기법과 테크닉이라고 생각하였다. 그래서 진심에서 우러나오지는 않지만 항상 무엇을 말하느냐, 어떻게 행동하느냐를 중시하였다.

① A, C   ② A, F

③ C, E   ④ E, F

⑤ C, F

07 K사 관리팀에 근무하는 B팀장은 최근 부하직원 A씨 때문에 고민 중이다. B팀장이 보기에 A씨의 업무 방법은 업무의 성과를 내기에 부적절해 보이지만, 자존감이 강하고 자기결정권을 중시하는 A씨는 자기 자신이 스스로 잘하고 있다고 생각하며 B팀장의 조언이나 충고에 대해 반발심을 표현하고 있기 때문이다. 이와 같은 상황에서 B팀장이 부하직원인 A씨에게 할 수 있는 효과적인 코칭 방법으로 가장 적절한 것은?

① 징계를 통해 B팀장의 조언을 듣도록 유도한다.
② A씨에 대한 칭찬을 통해 업무 성과를 극대화시킨다.
③ 스스로 업무 방법을 고칠 때까지 믿어주고 기다려준다.
④ 대화를 통해 스스로 자신의 잘못을 인식하도록 유도한다.
⑤ A씨를 더 강하게 질책하여 업무 방법을 개선시키도록 한다.

08 다음 중 영업사원으로서 고객정보 수집 과정에 있어 중요한 내용으로 적절하지 않은 것은?

① 고객정보는 정확해야 하므로 큰 소리로 대화하도록 해야 한다.
② 고객의 입장에서 우호적인 분위기를 만들되 사무적이거나 심문하는 듯한 말투는 삼가야 한다.
③ 고객정보는 상품 상담을 위해서 수집하는 것이며, 비밀은 반드시 보장됨을 안내하여 고객을 안심시켜야 한다.
④ 고객과 커뮤니케이션을 할 때에는 고객이 답하기 쉬운 내용과 질문법을 이용하여야 한다. 주로 '예, 아니요' 등의 간단한 답변을 할 수 있는 질문을 많이 활용할 수 있다.
⑤ 고객정보를 수집할 때에는 그 정보가 필요한 이유와 목적을 미리 안내하여야 한다. 그래야 고객도 적극적으로 자신의 정보를 제공해 주기 때문이다.

09 다음 상황에서 K부장에게 건넬 조언으로 가장 적절한 것은?

> K부장은 얼마 전에 자신의 부서에 들어온 두 명의 신입사원 때문에 고민 중이다. 신입사원 A씨는 꼼꼼하고 차분하지만 대인관계가 서투르며, 신입사원 B씨는 사람들과 금방 친해지는 친화력을 가졌으나 업무에 세심하지 못한 모습을 보여주고 있다. 이러한 성격으로 인해 A씨는 현재 영업 업무를 맡아 자신에게 어려운 대인관계로 인해 스트레스를 받고 있으며, B씨는 재고 관리 업무에 대해 재고 기록을 누락시키는 등의 실수를 반복하고 있다.

① 조직 구조를 이해시켜야 한다.
② 개인의 강점을 활용해야 한다.
③ 주관적인 결정을 내려야 한다.
④ 팀의 풍토를 발전시켜야 한다.
⑤ 의견의 불일치를 해결해야 한다.

10 다음 사례에서 찾을 수 있는 성희롱의 성립요건으로 적절하지 않은 것은?

> 중소 제조업체 A사에 근무하는 남성인 B사원은 최근 직장생활에 큰 고민이 생겼다. 자신의 직속상사이자 기혼인 팀장 C씨 때문이다. C씨는 신입인 B사원에게 업무를 가르쳐 준다는 이유로 옆에 앉혀 놓고 하체가 튼튼하게 생겼다며 허벅지를 만지고 심지어 회식 날에는 자신의 옆에 앉혀 놓고 허벅지와 가슴을 더듬기도 했다.
> B씨는 참다못해 대표이사를 찾아가 면담을 했지만 대표이사는 "남자가 무슨 성적 수치심이냐."라며 B씨의 의견을 묵살했다. 결국 B씨는 C팀장을 성추행 혐의로 고소했다. 이런 상황에도 불구하고 A사의 대표이사는 회사 분위기가 망가진다면서 B씨에게 고소를 취하하고 C팀장과 합의할 것을 종용했다.

① 성희롱의 당사자 요건일 것
② 고용상의 불이익을 초래할 것
③ 지위를 이용하거나 업무와의 관련성이 있을 것
④ 성적인 언어와 행동 또는 이를 조건으로 하는 행위일 것
⑤ 성적 굴욕감을 유발하여 고용환경을 악화시키는 경우일 것

11 국내 K금융그룹의 SWOT 분석 결과가 다음과 같을 때, 분석 결과에 대응하는 전략과 그 내용이 바르게 짝지어진 것은?

<국내 K금융그룹 SWOT 분석 결과>

강점(Strength)	약점(Weakness)
• 탄탄한 국내시장 지배력 • 뛰어난 위기관리 역량 • 우수한 자산건전성 지표 • 수준 높은 금융 서비스	• 은행과 이자수익에 편중된 수익구조 • 취약한 해외 비즈니스와 글로벌 경쟁력 • 낙하산식 경영진 교체와 관치금융 우려 • 외화 자금 조달 리스크
기회(Opportunity)	위협(Threat)
• 해외 금융시장 진출 확대 • 기술 발달에 따른 핀테크의 등장 • IT 인프라를 활용한 새로운 수익 창출 • 계열사 간 협업을 통한 금융 서비스	• 새로운 금융 서비스의 등장 • 은행의 영향력 약화 가속화 • 글로벌 금융사와의 경쟁 심화 • 비용 합리화에 따른 고객 신뢰 저하

① SO전략 : 해외 비즈니스 TF팀 신설로 상반기 해외 금융시장 진출 대비
② ST전략 : 금융 서비스를 다방면으로 확대해 글로벌 경쟁사와의 경쟁에서 우위 차지
③ WO전략 : 국내의 탄탄한 시장점유율을 기반으로 핀테크 사업 진출
④ WT전략 : 국내 금융사의 우수한 자산건전성 지표를 홍보하여 고객 신뢰 회복
⑤ WT전략 : 해외 금융시장 진출을 확대하여 안정적인 외화 자금 조달을 통한 위기관리

K기업 기획팀의 이현수 대리는 금일 오후 5시까지 전산시스템을 통해 제출해야 하는 사업계획서를 제출하지 못하였다. 이는 K기업이 정부로부터 지원금을 받을 수 있는 매우 중요한 사안으로, 이번 사건으로 K기업 전체에 비상이 걸렸다. 이현수 대리를 비롯하여 사업계획서와 관련된 담당자들은 금일 오후 4시 30분까지 제출 준비를 모두 마쳤으나, 회사 전산망 마비로 전산시스템 접속이 불가능해 사업계획서를 제출하지 못하였다. 이들은 정부기관 측 담당자에게 사정을 설명하였으나, 담당자는 예외는 없다고 답변하였다. 이를 지켜본 강민호 부장은 '㉠ 이현수 대리는 기획팀을 대표하는 인재인데 이런 실수를 하다니 기획팀이 하는 업무는 모두 실수투성일 것이 분명할 것'이라고 말하였다.

12 다음 중 윗글에서 나타난 문제와 문제점을 바르게 연결한 것은?

	문제	문제점
①	정부 담당자 설득 실패	사업계획서 제출 실패
②	사업계획서 제출 실패	정부 담당자 설득 실패
③	사업계획서 제출 실패	전산망 마비
④	전산망 마비	사업계획서 제출 실패
⑤	전산망 마비	정부 담당자 설득 실패

13 다음 중 윗글의 밑줄 친 ㉠에서 나타난 논리적 오류는?

① 무지의 오류

② 애매성의 오류

③ 연역법의 오류

④ 허수아비 공격의 오류

⑤ 권위나 인신공격에 의존한 논증

14 K공사 직원 A ~ E 5명이 자신들의 직급에 대하여 다음과 같이 이야기하고 있다. 이들의 직급은 각각 사원, 대리, 과장, 차장, 부장이다. 1명의 말만 진실이고 나머지 사람들의 말은 모두 거짓이라고 할 때, 진실을 말한 사람은?(단, 직급은 사원 – 대리 – 과장 – 차장 – 부장 순이다)

> A : 나는 사원이고, D는 사원보다 직급이 높아.
> B : E가 차장이고, 나는 차장보다 낮은 직급이지.
> C : A는 과장이 아니고, 사원이야.
> D : E보다 직급이 높은 사람은 없어.
> E : C는 부장이고, B는 사원이야.

① A
② B
③ C
④ D
⑤ E

15 다음 글의 '증인'이 범하고 있는 오류로 가장 적절한 것은?

> 우리는 몇 년 전 국회 청문회에서 과거의 비리를 밝히기 위해 국회의원들이 권력층에 있었던 사람들을 증인으로 출두시켜 신문한 적이 있었다. 그때 어느 증인은 다음과 같은 발언을 하였다. "내가 입을 열면 엄청난 사태가 벌어질 것입니다. 그러한 사태는 전적으로 당신들의 책임입니다."

① 인신공격의 오류
② 순환논증의 오류
③ 성급한 일반화의 오류
④ 감정에 호소하는 오류
⑤ 군중에 호소하는 오류

16 데이터베이스의 필요성에 대한 설명으로 옳지 않은 것을 〈보기〉에서 모두 고르면?

> **보기**
> ㄱ. 데이터베이스를 이용하면 데이터 관리상의 보안을 높일 수 있다.
> ㄴ. 데이터베이스 도입만으로 특정 자료 검색을 위한 효율이 높아진다고 볼 수는 없다.
> ㄷ. 데이터베이스를 이용하면 데이터 관리 효율은 높일 수 있지만, 데이터의 오류를 수정하기가 어렵다.
> ㄹ. 데이터가 양적으로 방대하다고 해서 반드시 좋은 것은 아니므로 데이터베이스를 형성해 중복된 데이터를 줄여야 한다.

① ㄱ, ㄴ
② ㄱ, ㄷ
③ ㄴ, ㄷ
④ ㄴ, ㄹ
⑤ ㄷ, ㄹ

17 다음 중 스프레드 시트의 [창] - [틀 고정]에 대한 설명으로 옳지 않은 것은?

① 틀 고정은 첫 행만을 고정하도록 설정할 수 있다.

② 셀 포인터의 이동에 상관없이 항상 제목 행이나 제목 열을 표시하고자 할 때 설정한다.

③ 제목 열로 설정된 열은 셀 포인터를 화면의 오른쪽으로 이동시켜도 항상 화면에 표시된다.

④ 제목 행으로 설정된 행은 셀 포인터를 화면의 아래쪽으로 이동시켜도 항상 화면에 표시된다.

⑤ 틀 고정을 취소할 때는 반드시 셀 포인터를 틀 고정된 우측 하단에 위치시키고 [창] - [틀 고정 취소]를 클릭해야 한다.

18 다음 글의 빈칸에 들어갈 용어로 옳은 것은?

> _____은/는 웹 서버에 대용량의 저장 기능을 갖추고 인터넷을 통하여 이용할 수 있게 하는 서비스를 뜻한다. 초기에는 대용량의 파일 작업을 하는 디자이너, 설계사, 건축가들이 빈번하게 이루어지는 공동 작업과 자료 교환을 용이하게 하기 위해 각 회사 나름대로 해당 시스템을 구축하게 되었는데, 이와 똑같은 시스템을 사용자에게 무료로 제공하는 웹 사이트들이 생겨나기 시작하면서 일반인들도 이용하게 되었다.

① RFID

② 유비쿼터스 센서 네트워크(USN)

③ 이더넷(Ethernet)

④ 인터넷 디스크(Internet Harddisk)

⑤ M2M(Machine-to-Machine)

19 다음에서 설명하는 프로그램에 해당하지 않는 것은?

> 유틸리티 프로그램이란 본격적인 응용프로그램이라기보다는 프로그램 작성에 도움이 되는 유용한 소프트웨어에 해당하며, 사용자가 컴퓨터를 좀 더 쉽게 사용할 수 있도록 도와주는 프로그램이다. 이들은 크기가 작고 기능이 단순하다는 특징을 가지고 있으며, 여기에 해당하는 것이 파일 복사, 텍스트 편집, 데이터 정렬, 프린터 조작 등 단독으로 사용되는 것들이다.

① 파일 압축

② 이미지 뷰어

③ 화면 캡처

④ 바이러스 백신

⑤ 통계 처리

20 다음에서 공통적으로 설명하고 있는 것은?

> • 인공지능 AI의 학습 기술로, 구글의 알파고도 이 기술에 기반한 프로그램이다.
> • 컴퓨터가 여러 데이터를 이용하여 인공 신경망(ANN)을 구성한다.

① 커스컴   ② 빅데이터
③ 딥러닝   ④ 유비쿼터스
⑤ 스쿠프

21 다음은 ☐사의 신제품 관련 회의가 끝난 후 작성된 회의록이다. 이에 대한 내용으로 옳지 않은 것은?

회의일시	2025. ○. ○	부서	홍보팀, 영업팀, 기획팀
참석자	홍보팀 팀장, 영업팀 팀장, 기획팀 팀장		
회의안건	신제품 홍보 및 판매 방안		
회의내용	− 경쟁 업체와 차별화된 마케팅 전략 필요 − 대리점 실적 파악 및 소비자 반응 파악 필요 − 적극적인 홍보 및 판매 전략 필요 − 홍보팀 업무 증가에 따라 팀원 보충 필요		
회의결과	− 홍보용 보도 자료 작성 및 홍보용 사은품 구매 요청 − 대리점별 신제품 판매량 조사 실시 − 마케팅 기획안 작성 및 공유 − 홍보팀 경력직 채용 공고		

① 이번 회의안건은 여러 팀의 협업이 필요한 사안이다.
② 기획팀은 마케팅 기획안을 작성하고, 이를 다른 팀과 공유해야 한다.
③ 영업팀은 홍보용 보도 자료를 작성하고, 홍보용 사은품을 구매해야 한다.
④ 대리점의 신제품 판매량 조사는 소비자들의 반응을 파악하기 위한 것이다.
⑤ 홍보팀 팀장은 경력직 채용 공고와 관련하여 인사팀에 업무협조를 요청해야 한다.

22 다음 글의 빈칸에 공통으로 들어갈 용어로 옳은 것은?

> _____은/는 문제가 발생된 근본 모순을 찾아내 이를 해결할 수 있는 방안을 모색하는 방법론을 말한다. 1940년대 옛 소련의 과학자 겐리흐 알트슐레르 박사가 20여 만 건에 이르는 전 세계의 창의적인 특허를 뽑아 분석한 결과로 얻은 40가지 원리를 응용한 것이다.
> _____은/는 주어진 문제에 대하여 얻을 수 있는 가장 이상적인 결과를 정의하고, 그 결과를 얻기 위해 관건이 되는 모순을 찾아내어 그 모순을 극복할 수 있는 해결책을 생각해 내도록 하는 방법에 대한 이론이다. 예를 들어 전사품질관리(TQM)나 6시그마와 같은 기존 혁신기법은 주로 품질개선과 원가절감에 초점을 맞추고 있는 반면 _____은/는 제품 구성이나 생산라인, 작업 시스템 등을 통째로 바꾸는 창조적 혁신을 추구한다.

① 트리즈
② SWOT 분석
③ 마인드맵
④ 브레인라이팅
⑤ 델파이기법

23 다음 글의 밑줄 친 마케팅 기법에 대한 설명으로 옳은 것을 〈보기〉에서 모두 고르면?

> 기업들이 신제품을 출시하면서 한정된 수량만 제작 판매하는 한정판 제품을 잇따라 내놓고 있다. 이번 기회가 아니면 더 이상 구입할 수 없다는 메시지를 끊임없이 던지며 소비자의 호기심을 자극하는 <u>마케팅 기법</u>을 활용하는 것이다. K자동차 회사는 가죽 시트와 일부 외형이 기존 제품과 다른 모델을 8,000대 한정 판매하였는데, 이는 단기간에 매진을 기록하였다.

보기

ㄱ. 소비자의 충동 구매를 유발하기 쉽다.
ㄴ. 이윤 증대를 위한 경영 혁신의 한 사례이다.
ㄷ. 의도적으로 공급의 가격탄력성을 크게 하는 방법이다.
ㄹ. 소장 가치가 높은 상품을 대상으로 하면 더 효과적이다.

① ㄱ, ㄴ
② ㄱ, ㄷ
③ ㄴ, ㄹ
④ ㄱ, ㄴ, ㄹ
⑤ ㄴ, ㄷ, ㄹ

※ 다음 글을 읽고 이어지는 질문에 답하시오. [24~25]

K사는 제한된 인력으로 업무수행의 효율을 높이기 위해 조직 구조에 대한 혁신이 필요하다고 판단하여 조직 구조를 개편하기로 했다. 이번에 개편되는 조직 구조의 형태는 특정 프로젝트를 수행하기 위한 것으로 해당 분야에 전문성을 지닌 다른 팀의 직원들이 자신의 직무와 특정 프로젝트를 동시에 수행하도록 할 계획이다.

이러한 조직 구조가 경영학계에 대두된 시점은 1969년 아폴로 11호의 달 착륙 때의 일이다. 당시 미국이 구소련보다 앞서 달 정복에 성공할 수 있었던 것과 관련하여 수평적 커뮤니케이션이 가능한 이러한 구조의 힘이 컸다는 언론 보도 이후 경영계에서 앞다퉈 이 시스템을 도입하기 시작한 것이다. 하지만 이를 도입했던 대부분의 기업들은 성과를 거두지 못하고 오히려 극심한 혼란과 부작용을 경험했다.

24 다음 중 K사가 변경하고자 하는 조직 구조의 형태는?

① 기능 구조
② 사업 구조
③ 매트릭스 구조
④ 네트워크 구조
⑤ 프로젝트 구조

25 다음 중 향후 K사가 계획한 조직 구조에서 부작용을 줄이기 위해 고려해야 할 사항으로 옳지 않은 것은?

① 조직 구조 상단 기능별 리더들의 사고 혁신이 전제가 되어야 한다.
② 조직 구조의 최하단에 놓인 직원들의 적절한 업무량 배분을 감안해야 한다.
③ 구성원을 하나로 묶을 수 있는 공동 목표를 명확히 설정하고 공유되도록 한다.
④ 조직 구조는 변화시키지만 기업문화와 인사제도, 성과평가 제도는 그대로 유지해야 한다.
⑤ 조직 구조의 전체적인 변화와 혁신을 일으키지 않으면 관료제가 중첩되는 위험에 빠질 수 있다.

4일 차
기출응용 모의고사

〈문항 및 시험시간〉

평가영역	문항 수	시험시간	모바일 OMR 답안분석	
경영학＋인적자원관리＋ 생산관리＋마케팅관리＋한국사	25문항	40분	제1회	제2회

4일 차 기출응용 모의고사

제1회

01 다음은 테일러(F. Taylor)의 과학적 관리법에 대한 설명이다. 빈칸에 들어갈 개념은?

> 테일러(F. Taylor)의 _____의 목표는 '높은 임금, 낮은 노무비의 원리'로 집약된다. 테일러는 작업에 관련된 시간과 동작을 과학적으로 분석해 가장 생산성을 높일 수 있는 방법을 찾고자 하였다.

① 조직관리
② 시간관리
③ 비용관리
④ 동작관리
⑤ 과업관리

02 시장세분화와 관련된 고객 행동변수가 아닌 것을 〈보기〉에서 모두 고르면?

> **보기**
> ㄱ. 사용 상황
> ㄴ. 상표 애호도
> ㄷ. 가족 생활주기
> ㄹ. 라이프스타일
> ㅁ. 추구하는 편익

① ㄱ, ㄴ
② ㄱ, ㄷ
③ ㄴ, ㄷ
④ ㄷ, ㄹ
⑤ ㄹ, ㅁ

03 다음 중 주식회사의 특징으로 옳지 않은 것은?

① 강제법규성
② 지분의 자유양도성
③ 주주의 무한책임제도
④ 소유와 경영의 분리제도
⑤ 공시주의 국가적 감독성

04 다음 중 EOQ 모형에 대한 설명으로 옳지 않은 것은?

① 정해진 수요 형태에 따라 재고 수준이 감소한다.
② 재고가 0에 이르게 되면 즉시 조달이 이루어진다.
③ 단위 기간의 제품 수요를 정확하게 예측할 수 있다.
④ 재고 부족비를 고려하여 재고와 관련된 총비용을 계산한다.
⑤ 대표적인 고정 주문량 모형으로, 재고 모형 중 가장 고전적인 모형이다.

05 다음 중 허즈버그의 2요인이론에 대한 설명으로 옳지 않은 것은?

① 만족요인을 동기요인, 불만족요인을 위생요인이라고도 한다.
② 경영을 염두에 두고 개발된 작업모티베이션에 대한 이론이다.
③ 만족요인은 직무의 환경과, 불만족요인은 직무 그 자체와 관련을 갖는다.
④ 만족과 불만족이 별개의 차이이고, 각 차원에 작용하는 요인도 별개의 것이다.
⑤ 위생요인은 욕구 충족이 되지 않을 경우 조직구성원에게 불만족을 초래하지만 그러한 욕구를 충족시켜 준다 하더라도 직무 수행 동기를 적극적으로 유발하지 않는 요인을 말한다.

06 다음 중 HRM(Human Resource Management)의 주요 업무에 해당하지 않는 것은?

① 인적자원 확보   ② 인적자원 평가

③ 인적자원 교육   ④ 인적자원 계획

⑤ 인적자원 배치

07 다음 중 최저임금제의 필요성으로 옳지 않은 것은?

① 유효수요 창출

② 소비자 부담 완화

③ 저임금 노동자 보호

④ 임금인하 경쟁 방지

⑤ 계약자유 원칙의 한계 보완

08 다음 중 평가센터법(Assessment Center)에 대한 설명으로 옳지 않은 것은?

① 평가에 대한 신뢰성이 양호하다.

② 교육훈련에 대한 타당성이 높다.

③ 승진에 대한 의사결정에 유용하다.

④ 평가센터에 초대받지 못한 종업원의 심리적 저항이 예상된다.

⑤ 다른 평가기법에 비해 상대적으로 비용과 시간이 적게 소요된다.

09 다음 중 인사평가방법 중 피평가자의 능력, 태도, 작업, 성과 등에 관련된 표준행동들을 제시하고 평가자가 해당 서술문을 대조하여 평가하는 방법은?

① 서열법
② 평정척도법
③ 목표관리법
④ 중요사건기술법
⑤ 체크리스트법

10 다음 중 마일즈 & 스노우 전략에 따른 공격형 인적자원관리 방법으로 옳지 않은 것은?

① 인사고과는 결과 지향적으로 평가한다.
② 인력계획을 비공식적이고 제한적으로 설정한다.
③ 인력 훈련 및 개발은 기능 형성을 기본으로 한다.
④ 인력의 충원, 선발, 배치는 외부 영입을 원칙으로 한다.
⑤ 인력에 대한 보상은 외적인 경쟁력에 기준을 두고, 성과급의 비중을 높게 설정한다.

11 다음에서 설명하는 용어는?

공급자부터 제조업자와 중간 유통업자 그리고 최종 소비자에 이르는 전체 유통 과정을 관리·조직·통제하는 활동이다. 기업 내 부문별 최적화나 개별 기업 단위의 최적화에서 탈피하여 공급망의 구성요소들 간 발생하는 정보를 공유하고, 상호 협력함으로써 효율을 극대화하는 경영혁신기법이다.

① ERP
② SCM
③ EDI
④ MRP
⑤ CRM

12 다음 중 포드 시스템의 핵심 요소 중 하나인 표준화와 관계가 없는 것은?

① 제품의 단순화   ② 작업의 단순화

③ 부품의 표준화   ④ 기계의 전문화

⑤ 부품의 이동화

13 다음 중 목표 달성과 새로운 가치창출을 위해 공급업체들과 자원 및 정보를 협력하여 하나의 기업처럼 움직이는 생산시스템은?

① 공급사슬관리(SCM)   ② 적시생산시스템(JIT)

③ 유연생산시스템(FMS)   ④ 컴퓨터통합생산(CIM)

⑤ 전사적 품질경영(TQM)

14 다음 중 자본집약도에 대한 설명으로 옳지 않은 것은?

① 자본은 대부분 고정자본을 의미한다.

② 기술이 진보할수록 자본집약도는 높아진다.

③ 생산에 투입된 자본 – 노동 비율을 의미한다.

④ 노동생산성과 자본집약도는 반비례 관계를 보인다.

⑤ 일반적으로 의류, 신발 등 경공업 산업은 자본집약도가 낮다.

15 생산시스템이란 제조기업 전반의 경쟁우위를 좌우하는 절대적인 부문이다. 다음 중 제품생산에 요구되는 부품 등 자재를 필요한 시기에 필요한 수량만큼 적기에 생산 및 조달하여 낭비요소를 근본적으로 제거하려는 시스템은?

① 개별생산시스템   ② 연속생산시스템

③ 모듈생산시스템   ④ 적시생산시스템

⑤ 자동화생산시스템

16 다음에서 설명하는 마케팅 전략은?

> 1982년 개봉된 SF영화 'ET'에서 주인공인 ET와 엘리엇이 서로 교감을 느끼며 친해지는 매개체로 초콜릿이 등장한다. 영화가 히트를 치자 이 초콜릿 판매량도 급격히 늘었고, 이후 기업들은 이러한 방법을 마케팅 수단으로 적극 활용했다.

① 비교광고   ② PPL

③ 포지셔닝   ④ USP 전략

⑤ 애드버토리얼

17 다음 글의 빈칸에 들어갈 용어는?

> _____을 마케팅에 이용한 레트로 마케팅(Retrospective Marketing)은 과거의 제품이나 서비스를 현재 소비자들의 기호에 맞게 재수정하여 다시 유행시키는 마케팅 기법이다. 1990년대 음악과 1세대 아이돌을 추억하게 하는 '토토가', 과거의 좋은 시절과 아름다운 첫사랑을 떠올리게 하는 '응답하라' 시리즈 등이 대표적이다. 이를 본 중장년층은 과거를 아름답게 회상하고, 젊은 세대는 새로움을 느끼게 된다.

① 리마 증후군(Lima Syndrome)

② 순교자 증후군(Martyr Syndrome)

③ 스톡홀름 증후군(Stockholm Syndrome)

④ 므두셀라 증후군(Methuselah Syndrome)

⑤ 스마일 마스크 증후군(Smile Mask Syndrome)

18 다음 중 거시적 마케팅 환경으로 옳지 않은 것은?

① 자연적 환경   ② 경쟁자

③ 기술적 환경   ④ 경제적 환경

⑤ 인구통계적 환경

19 다음 중 마케팅믹스의 4C에 해당하지 않는 것은?

① Credit(고객 신용)   ② Customer Value(고객 가치)

③ Convenience(고객 편의성)   ④ Communication(고객과의 소통)

⑤ Customer Cost(구매 비용)

20 다음과 같은 특징을 가진 심리적 가격전략은?

> • 일반적으로 사람들이 인정하는 가격을 의미한다.
> • 한번 정해진 가격을 인상하는 것이 쉽지 않다.
> • 원재료, 수량 등을 조절하여 가격 상승효과를 노릴 수 있다.

① 단수가격   ② 명성가격

③ 준거가격   ④ 관습가격

⑤ 유보가격

21 다음 사건이 일어난 시기를 바르게 나열한 것은?

> (가) 강조의 정변이 발생했다.
> (나) 별무반을 편성하고 동북 9성을 개척하였다.
> (다) 정중부를 중심으로 한 무신들이 정변을 일으켰다.
> (라) 삼별초 항쟁이 일어났다.

① (가) - (나) - (다) - (라)　　　② (가) - (다) - (나) - (라)
③ (나) - (다) - (라) - (가)　　　④ (나) - (라) - (가) - (다)
⑤ (라) - (다) - (나) - (가)

22 다음 사료와 가장 관련 깊은 사건은?

> … (생략) …
> 민족은 목적의식과 방향감각 민주주의에 대한 신념을 잃고 총파국을 향해 한 걸음씩 다가서고 있다. 우리는 이를 보고만 있을 수 없어 여·야의 정치적인 전략이나 이해를 넘어 이 나라의 먼 앞길을 내다보면서 '민주구국선언'을 선포하는 바이다.
> 첫째, 이 나라는 민주주의 기반 위에 서야 한다.
> … (중략) …
> 둘째, 경제입국의 구상과 자세가 근본적으로 재검토되어야 한다.
> … (중략) …
> 셋째, 민족통일은 오늘 이 겨레가 짊어진 지상의 과업이다.
> … (생략) …

① 3·1 운동　　　　　　② 광주민주화운동
③ 4·19 혁명　　　　　　④ 광주항일학생운동
⑤ 6·10 만세운동

23 다음 사건이 발생한 시기의 왕이 한 일로 옳은 것은?

> • 여러 번 환국이 발발하였고, 무고의 옥을 통해 노론이 집권하게 되었다.
> • 백두산 정계비를 세웠다.

① 균역법을 시행하였다.　　　　　　② 청계천을 준설하였다.
③ 수원에 화성을 쌓았다.　　　　　　④ 금위영을 설치하였다.
⑤ 금난전권을 폐지하였다.

24 다음 중 통일신라 시대에 대한 설명으로 옳지 않은 것은?

① 교종이 쇠퇴하고 선종이 유행하였다.
② 신문왕이 왕권 강화를 위해 노력했다.
③ 울산항을 통해서 아라비아 상인들과 교역했다.
④ 승려 혜초가 고대 인도의 5천축국을 답사한 뒤 책을 썼다.
⑤ 경덕왕이 아버지인 성덕왕의 공덕을 널리 알리기 위해 종을 만들었다.

25 다음 사료의 빈칸에 공통으로 들어갈 인물은?

> 고부 군수 조병갑은 군민에 대해서 수탈을 자행했다. 만석보를 수축하여 보를 새로 쌓는다는 명분으로 농민들을 동원하고, 고율의 수세(水稅)를 징수하였다. 농민들은 _____을/를 찾아가 관에 제출할 호소문을 작성해 줄 것을 요청하였고, _____은/는 농민들과 함께 조병갑을 찾아가 호소문을 제출하고 수세 징수를 시정해 줄 것을 호소하였다. 조병갑은 이를 받아들이지 않자, 이에 _____은/는 1893년 고부 관아를 공격하고 조병갑 처단을 결정한 '사발통문'을 작성하였다.

① 전봉준　　　　　　　　　　② 최시형
③ 최제우　　　　　　　　　　④ 손병희
⑤ 이용태

01 옴니 채널의 특징으로 옳은 것을 〈보기〉에서 모두 고르면?

> **보기**
> ㄱ. 다양한 구매 채널에서 동일한 서비스를 즐길 수 있다.
> ㄴ. 온라인과 오프라인 공간이 서로 융합되어 하나의 유통망이 된다.
> ㄷ. 가장 저렴한 가격을 검색하여 구매 채널별로 비교해 준다.
> ㄹ. 온·오프라인을 분리하여 차별화하는 정책을 펼친다.

① ㄱ   ② ㄷ
③ ㄱ, ㄴ   ④ ㄴ, ㄹ
⑤ ㄷ, ㄹ

02 다음 중 (가) ~ (다)에 해당하는 것을 바르게 짝지은 것은?

> (가) 한 매장에서 여러 브랜드의 제품을 판매한다. 상품기획자(MD)의 역량에 따라 브랜드를 선별하고, 매장의 콘셉트에 따라 의류, 신발, 액세서리 등 여러 제품을 소량씩 들여와 판매한다.
> (나) 시장에서 성공을 거둔 특정 상품의 브랜드를 중심으로 하여 전체 브랜드의 이미지와 성격을 극대화한 매장이다. 브랜드의 표준 모델을 제시하고 그 브랜드의 라인별 상품을 구분해서 소비자들에게 기준이 될 만한 트렌드를 제시한다.
> (다) 길게는 몇 개월에서 짧게는 하루만 운영하는 임시상점이다. 브랜드의 특징을 자세히 알릴 수 있어 새로 출시하는 브랜드나 제품의 고객 반응을 살피고 홍보하기 위한 수단으로 활용되기도 하며, 가건물이나 컨테이너 박스 등 다양한 형태로 매장을 연다.

	(가)	(나)	(다)
①	안테나숍	앵커스토어	팝업스토어
②	안테나숍	앵커스토어	플래그십스토어
③	안테나숍	플래그십스토어	편집숍
④	편집숍	플래그십스토어	팝업스토어
⑤	편집숍	팝업스토어	플래그십스토어

03 다음 중 대리인 문제(Agency Problem)의 해결 방법으로 옳지 않은 것은?

① 회계정보 공시 강화
② 스톡옵션 체계 강화
③ 기업 정보 투명성 강화
④ 주식의 분산소유 활성화
⑤ 적대적 M&A 시장의 활성화

04 다음 중 지주회사에 대한 설명으로 옳지 않은 것은?

① 카르텔형 복합기업의 대표적인 형태이다.
② 콘체른형 복합기업의 전형적인 기업집중형태이다.
③ 소자본을 가지고도 거대한 생산과 자본에 대한 독점지배망을 넓힐 수 있다.
④ 자사의 주식 또는 사채를 매각하여 타 회사의 주식을 취득하는 증권대위의 방식에 의한다.
⑤ 한 회사가 타 회사의 주식 전부 또는 일부를 보유함으로써 다수기업을 지배하려는 목적으로 이루어지는 기업집중형태이다.

05 다음 중 경영 전략과 경영 조직에 대한 설명으로 옳은 것은?

① 기계적 조직은 유기적 조직에 비해 집권화 정도와 공식화 정도가 모두 강하다.
② BCG 매트릭스에서는 시장의 성장률과 절대적 시장 점유율을 기준으로 사업을 평가한다.
③ 포터의 가치사슬 모형에 의하면 마케팅, 재무관리, 생산관리, 인적자원관리는 본원적 활동이다.
④ 대량생산기술을 적용할 때에는 유기적 조직이, 소량주문생산기술을 적용할 때에는 기계적 조직이 적합하다.
⑤ 제조업체에서 부품의 안정적 확보를 위해 부품회사를 인수하는 것은 전방통합에 해당하며, 제품 판매를 위해 유통회사를 인수하는 것은 후방통합에 해당한다.

06 다음 중 요소비교법의 평가요소로 옳지 않은 것은?

① 숙련도   ② 작업환경

③ 임금수준   ④ 육체적 노력

⑤ 정신적 노력

07 다음 중 인적자원관리(HRM)에 대한 설명으로 옳지 않은 것은?

① 직무분석의 결과로 직무기술서와 직무명세서가 만들어진다.

② 직무분석의 방법으로 면접법, 관찰법, 중요사건법 등이 있다.

③ 직무평가의 방법으로는 서열법, 요소비교법, 질문지법 등이 있다.

④ 직무분석이란 적재적소에 인적자원을 배치하기 위하여 직무 관련 정보를 수집하는 절차이다.

⑤ '동일노동 동일임금'의 원칙을 실현하는 직무급을 도입하기 위한 기초 작업으로 직무평가가 실시된다.

08 다음에서 설명하는 용어는?

> • 기업이 주어진 인건비로 평시보다 더 많은 부가가치를 창출하였을 경우, 이 초과된 부가가치를 노사협동의 산물로 보고 기업과 종업원 간에 배분하는 제도
> • 노무비 외 원재료비 및 기타 비용의 절감액도 인센티브 산정에 반영

① 연봉제   ② 러커 플랜

③ 임금피크제   ④ 스캔런 플랜

⑤ 개인성과급제

09 다음 중 교육훈련 필요성을 파악하기 위한 일반적인 분석방법으로 옳지 않은 것은?

① 면접법   ② 역할연기법
③ 자료조사법   ④ 델파이기법
⑤ 전문가자문법

10 다음과 같은 특징을 가진 인사고과의 오류는?

> • 현혹 효과라고도 하며, 평가 항목을 줄이거나 다수의 평가자가 동시에 평가함에 따라 나타난다.
> • 특정 분야에서의 인상이 다른 분야의 평가에 영향을 미친다.
> • 특성데 도덕적 의미가 포함되어 있거나, 행동적 표현이 불분명한 경우 많이 나타난다.

① 항상 오차   ② 대비 효과
③ 논리적 오차   ④ 헤일로 효과
⑤ 상동적 태도

11 다음 대화의 빈칸에 공통으로 들어갈 용어로 옳은 것은?

> 김이사 : 이번에 우리 회사에서도 _____ 시스템을 도입하려고 합니다. _____는 기업 전체의 의사결정권자와
> 사용자 모두가 실시간으로 정보를 공유할 수 있게 합니다. 또한 제조, 판매, 유통, 인사관리, 회계
> 등 기업의 전반적인 운영 프로세스를 통합하여 자동화할 수 있지요.
> 박이사 : 맞습니다. _____ 시스템을 통하여 기업의 자원관리를 보다 효율적으로 할 수 있어서 조직 전체의
> 의사결정도 보다 신속하게 할 수 있을 것입니다.

① JIT   ② MRP
③ MPS   ④ ERP
⑤ APP

12 다음 중 최대재고와 현재재고 간의 차이를 통해서 주문량을 결정하는 모형으로, 수요변동이 급격하거나 저가인 제품의 재고를 통제하는 관리시스템은?

① MRP
② ERP
③ ABC 관리
④ 고정주문기간 모형
⑤ 고정주문량 모형

13 다음 중 연속생산에 대한 설명으로 옳은 것은?

① 단위당 생산원가가 낮다.
② 운반비용이 많이 소요된다.
③ 제품의 수명이 짧은 경우 적합한 방식이다.
④ 제품의 수요가 다양한 경우 적합한 방식이다.
⑤ 작업자의 숙련도가 떨어질 경우 작업에 참여시키지 않는다.

14 다음 글의 빈칸에 들어갈 용어는?

> 백만분의 3.4를 의미하는 통계척도인 _____를 사용하여 품질혁신과 고객만족을 달성하고자 하는 업무 프로세스 혁신 전략

① 1시그마
② 3시그마
③ 4시그마
④ 5시그마
⑤ 6시그마

15 인지적 브조화설은 무엇을 설명하기 위한 이론인가?

① 구매 후 만족
② 충동적 구매활동
③ 기업의 서비스 활동
④ 구매의사결정 시점의 갈등
⑤ 구매 욕구에 관한 개인차이

16 다음 중 총괄생산계획에 대한 설명으로 옳지 않은 것은?

① 총괄생산계획에 대일정계획이 포함된다.
② 수요 예측에 의해 총괄생산계획을 수립한다.
③ 총괄생산계획 기반으로 주생산계획을 수립한다.
④ 생산과 투입이 불일치하기 때문에 계획을 수립한다.
⑤ 수요 변동이 생길 때마다 즉시 생산수준에 반영해야 한다.

17 다음 중 수직적 마케팅 시스템에 대한 설명으로 옳지 않은 것은?

① 경로활동을 통제하고 경로갈등을 해소하기 위해 생겨났다.
② 경로상의 한 구성원이 다른 구성원들을 모두 소유하는 경우도 있다.
③ 생산자와 도매상, 소매상들이 하나의 통일된 시스템을 이룬 유통경로이다.
④ 동일한 경로단계에 있는 두 개 이상의 개별적인 자원과 프로그램을 결합한다.
⑤ 최대의 시장영향력을 발휘할 수 있도록 하여 유통기능 수행의 경제성을 달성하게 된다.

18 다음 중 브랜드 전략 실행 5단계로 옳지 않은 것은?

① 브랜드 개발 ② 브랜드 네이밍

③ 브랜드 포지셔닝 ④ 브랜드 로열티

⑤ 브랜드 아이덴티티

19 다음에서 설명하는 마케팅 기법은?

특정 상품 가격을 대폭 낮춰 해당 상품에서는 손해를 보지만 더 많은 고객을 유인해 전체적으로는 이익을
내는 마케팅 전략이다.

① PI 마케팅 ② 헝거 마케팅

③ MOT 마케팅 ④ STP 마케팅

⑤ 로스 리더 마케팅

20 다음 사례에서 나타나는 마케팅 기법은?

신발 브랜드 '탐스(Toms)'는 소비자가 신발을 구매할 때마다 신발이 필요한 아이들에게 신발을 기부하는 방
식의 'One for One' 이벤트를 통해 약 200만 켤레 이상의 신발을 기부하였다.

① 뉴로 마케팅(Neuro Marketing)

② 코즈 마케팅(Cause Marketing)

③ 노이즈 마케팅(Noise Marketing)

④ 앰부시 마케팅(Ambush Marketing)

⑤ 감성 마케팅(Emotional Marketing)

21 다음에서 설명하는 사찰과 관련이 있는 것은?

> 이 절은 의상이 세웠으며, 공포가 주심포 양식인 유명한 건축물이 있고, 조사당에는 고려 시대의 사천 왕상 벽화가 유명하다.

① 거대한 미륵보살입상이 있다.
② 신라 양식을 계승한 불상이 있다.
③ 지눌이 수선사 결사운동을 전개하였다.
④ 금속활자인 「직지심체요절」이 간행되었다.
⑤ 김부식이 지은 대각국사비가 세워져 있다.

22 다음에서 설명하는 단체는?

> 조선 후기의 정치·사회·단체로 개화 지식층이 한국의 자주독립, 내정개혁 위해 참여하였다. 토론회·연설회 등 민중계몽운동을 통해 젊은 사람들을 모았으며, 처음 발족할 당시에는 정부 요인들도 참가하였다. 만민공동회를 개최하여 '헌의 6조'를 고종에게 주청하기도 하였다.

① 신민호   ② 일진회
③ 대한흑회   ④ 독립협회
⑤ 대한자강회

23 다음에서 설명하는 독립운동가 박차정이 속한 단체에 대한 설명으로 옳은 것은?

> 이 단체는 1927년에 창립하고 1931년에 해산되었다. 박차정은 여성독립운동가로, 이 단체에 가입하여 여성독립운동을 위해 활동하였다. 이 단체는 반봉건 운동을 하였으며, 조선 여성의 정치적·사회적·경제적 이익을 위한 활동을 하였다.

① 안재홍, 이상재, 신채호 등이 발기하였다.
② 일본의 황무지 개간권 요구를 반대하였다.
③ 네 개의 사회주의 단체로 성립한 사회주의 단체이다.
④ 중국 상하이에서 일본의 주요인물을 암살하기 위해 조직하였다.
⑤ 민족주의 계열 여성과 사회주의 계열 여성 단체들이 모두 참여하였다.

24 다음 사료에 나타난 상황 이후의 사실로 옳은 것은?

> 왕이 보현원으로 가는 길에 5문 앞에 당도하자 시신(侍臣)들을 불러 술을 돌렸다. … (중략) … 저물녘 어가가 보현원 가까이 왔을 때, 이고와 이의방이 앞서가서 왕명을 핑계로 순검군을 집결시켰다. 왕이 막 문을 들어서고 신하들이 물러나려 하는 찰나에, 이고 등은 왕을 따르던 문관 및 높고 낮은 신하와 환관들을 모조리 살해했다. … (중략) … 정중부 등은 왕을 궁궐로 도로 데리고 왔다.
>
> — 『고려사』

① 만적이 개경에서 반란을 도모하였다.
② 이자겸이 왕이 되기 위해 난을 일으켰다.
③ 윤관이 별무반을 이끌고 여진을 정벌하였다.
④ 의천이 교종 중심의 해동 천태종을 개창하였다.
⑤ 서희가 외교 협상을 통하여 강동 6주를 획득하였다.

25 다음 사료의 밑줄 친 왕 때의 일로 옳지 않은 것은?

> 왕이 처음에는 정치에 마음을 두어서 이제현·이색 등을 등용하였는데, 그 후에는 승려 편조에게 미혹되어 그를 사부로 삼고 국정을 모두 위임하였다. 편조가 권력을 잡은 지 한 달 만에 대대로 공을 세운 대신들을 참소하고 헐뜯어서 이공수·경천흥·유숙·최영 등을 모두 축출하더니 그 후에 이름을 바꾸어 신돈이라 하고 삼중대광 영도첨의가 되어 더욱 권력을 마음대로 하였다. (… 중략 …) 신돈이 다시 왕을 시해하고자 하다가 일이 발각되었고, 왕이 이에 신돈을 수원부로 유배 보냈다가 주살하고, 그의 당여를 모두 죽였으며, 일찍이 쫓아냈던 경천흥 등을 다시 불러들였다.

① 정방을 폐지하였다.
② 쌍성총관부를 되찾았다.
③ 원의 연호를 폐지하였다.
④ 정동행성 이문소를 폐지하였다.
⑤ 국자감을 성균관으로 개편하였다.

코레일네트웍스
인성검사 + 면접

www.sdedu.co.kr

인성검사 가이드

01 인성검사란?

개인이 업무를 수행하면서 능률적인 성과물을 만들기 위해서는 개인의 능력과 경험 그리고 회사의 교육 및 훈련 등이 필요하지만, 개인의 성격이나 성향 역시 중요합니다. 여러 직무분석 연구를 통해 나온 결과에 따르면, 직무에서의 성공과 관련된 특성 중 70% 이상이 능력보다는 성격과 관련이 있다고 합니다. 따라서 최근 기업 및 공공기관에서는 인성검사의 비중을 높이고 있는 추세입니다.

현재 기업 및 공공기관은 인성검사를 KIRBS(한국행동과학연구소)나 SHR(에스에이치알) 등의 전문기관에 의뢰해서 시행하고 있습니다. 전문기관에 따라서 인성검사 방법에 차이가 있고, 보안을 위해서 인성검사를 의뢰한 기업 및 공공기관을 공개하지 않을 수 있기 때문에 특정 기업 및 공공기관의 인성검사를 정확하게 판단할 수 없지만, 지원자들이 후기에 올린 문제를 통해 인성검사 유형을 예상할 수 있습니다.

여기에서는 코레일네트웍스의 개인성향 진단평가와 수검요령 및 검사 시 유의사항에 대해 간략하게 정리하였으며, 모의테스트를 통해 실제 시험 유형을 확인할 수 있도록 하였습니다.

> 코레일네트웍스 인성검사
> • 문항 수 : 200문항 / 30분
> • 유형 : 본인과 가장 일치하는 항목 표기 유형, 본인의 선호도(혈액형, 색, 도형 등)를 묻는 유형 등

02 인성검사 수검요령

인성검사에 대한 특별한 수검 기법은 없습니다. 인성검사에서 문제를 어떻게 잘 풀 것인가 하는 차원과는 달리 자신의 상태나 경험어 입각하여 자신을 솔직하게 그대로 표현하는 것이 가장 좋습니다. 인성검사에 의한 성격 분석은 장점과 단점이라는 양면을 나타냅니다. 예를 들어, 민감성에서의 득점이 높으면 섬세하고 배려심이 있다는 장점과 걱정이 많고 자신감이 없다는 단점이 있고, 독자성에서의 득점이 높으면 신념이 있고 독창적이라는 장점과 융통성이 없다는 단점이 있는 것입니다. 면접 담당자는 각 항목 중에서 특히 득점이 극단적으로 높거나 낮은 특징적인 부분에 대해서 질문하게 되는데, 이는 그 특징적인 부분이 장점으로 나타나기 쉬운지 단점으로 나타나기 쉬운지를 확인하기 위한 것입니다. 그러므로 극단적인 득점을 보이는 항목에 대해서는 단점을 보완하는 응답을 준비해야 합니다. 즉, 어떻게 자신의 상태를 정확히 표현할 수 있느냐가 수검 요령이 되겠으며, 그 일반적인 요령에는 다음과 같은 것이 있습니다.

❶ 인성검사를 소홀히 대하지 말자.

인성검사의 결과 중에서 정신건강(정서안정성, 감정통제력, 신경질 경향)에 관한 측면은 전형 사정 시 매우 중요시되고 있습니다. 다른 평가 요인에 대한 결과가 아무리 좋고 바람직한 결과를 얻었더라도, 심지어 서류전형이나 필기전형 등에서 좋은 결과를 얻은 지원자라 할지라도 정신건강 측면에 대한 결과가 바람직하지 못하면 탈락될 정도로 중요시되고 있는 추세입니다. 따라서 사전에 자기 자신의 내면적인 측면을 정확히 파악해야 합니다.

❷ 평소의 경험과 선호도를 자연스럽게 답하자.

검사의 내용들은 대개 평소 우리가 경험하는 내용에 관한 짧은 진술문과 어떤 대상에 대한 선호를 묻는 내용으로 구성된 진술문 형식으로 되어 있으므로 시험이라고 생각하지 말고 그냥 평소의 경험과 선호도에 따라 자연스럽게 답하는 것이 좋습니다. 또한, 상식적인 반응을 묻는 문항에는 너무 민감하게 반응하지 말고 솔직하게 답할 필요가 있습니다. 자칫 검사 무효화의 결과를 초래할 수도 있기 때문입니다.

❸ 수험 전날이나 수험기간 동안에 음주나 지나친 운동 등을 삼가자.

심신이 지쳐 있으면 심약한 생각을 갖기 쉽습니다. 신체적으로나 정신적으로 충분한 휴식을 취하고 심리적으로 안정된 상태에서 검사에 임해야 자신을 정확히 나타낼 수 있습니다.

❹ 검사시간에 너무 신경 쓰지 말자.

시간제한이 없거나 충분한 시간이 주어지기 때문에 남보다 빨리 하려고 한다든가 다른 사람의 퇴실에 신경 쓸 필요가 없습니다.

❺ 각 진술문에 대하여 너무 골똘히 생각하거나 불필요한 생각을 하지 말자.

지나친 생각은 자신을 잘못 표현하기 쉽게 만들고, 불필요한 생각은 검사의 타당도·신뢰도 등에 좋지 않은 영향을 미칠 수 있습니다.

❻ 솔직하게 표현하자.

대개의 인성검사 문항은 피검사자의 솔직성을 알 수 있게 제작되어 있습니다. 자칫 솔직성이 너무 결여될 경우에는 검사자체가 무효화되어 불이익을 받을 수 있습니다.

❼ 비교적 일관성 있게 답하자.

이는 솔직성과 일맥상통합니다. 하지만 너무 일관성에 치우친 생각은 검사 자체를 다른 방향으로 이끌 수 있다는 것을 유념해야 합니다.

❽ 마지막 문항까지 최선을 다하자.

한 문항도 빠뜨리지 말고 전체 문항에 대해 자신의 의견을 답하는 것이 매우 중요합니다. 각 문항을 깊이 있게 분석하면서 풀어나갈 것이 아니라 직감적으로 선택해서 자신의 색깔을 명확히 표현하는 것이 좋은 결과를 얻을 수 있습니다. 모든 문항은 평가 결과와 밀접한 관련이 있기 때문에 응답하지 않은 문항이 많으면 검사 자체를 무효로 처리되거나 불리한 평가를 받을 수 있으므로 주의해야 합니다.

❾ 사전에 검사를 받아보자.

검사 대행업체나 학교의 학생생활연구소와 같은 곳을 이용하여 사전에 검사를 받아보는 것도 좋은 방법입니다. 검사의 유형을 미리 경험해봄으로써 자신감을 얻을 수 있고 성격상 바람직하지 않은 결과를 얻은 요인에 대해서 사전에 끊임없는 노력으로 개선할 수 있기 때문입니다.

03 인성검사 모의테스트

인성검사는 정신의학에 의한 성격분석검사를 기초로 한 일종의 심리테스트로 이를 통해 지원자의 성격이나 흥미, 대인관계 등을 쿤석합니다. 검사결과에는 지원자가 자각하고 있는 부분도, 자각하지 못한 부분도 나타나기 때문에 자각하고 싶지 않은 성격까지 면접담당자는 모두 파악할 수 있습니다.

만약 면접 시 면접담당자가 지원자의 성격을 파악하고 있는데 정작 지원자가 자기의 성격을 파악하지 못했다면 전적으로 불리하게 됩니다. 그러나 인성검사의 결과를 참고로 지원자가 자기의 성격을 파악하여 질문의 내용을 예측한다면 장점은 살리고, 단점을 보완하는 응답이 가능하게 될 것입니다.

사람의 성격은 쉽게 변하지 않지만, 장점과 단점을 파악하여 자신을 매력적으로 어필하는 것은 가능합니다. 성격을 파악하지 않고 그저 자신을 드러내는 것은 오히려 면접에서 인성검사와의 모순을 스스로 증명하는 것이라는 사실을 기억하시기 바랍니다.

※ 아래 문항을 읽고 평소 자신의 모습이나 생각과 가장 일치하는 응답 하나에 체크하십시오. [1~200]
※ 인성검사는 정답이 따로 없는 유형의 검사이므로 결과지를 제공하지 않습니다.

번호	질문	전혀 아니다	약간 아니다	보통 이다	약간 그렇다	매우 그렇다
1	남의 생일이나 명절 때 선물을 사러 다니는 일이 귀찮게 느껴진다.	①	②	③	④	⑤
2	조심스러운 성격이라고 생각한다.	①	②	③	④	⑤
3	사물을 신중하게 생각하는 편이다.	①	②	③	④	⑤
4	동작이 기민한 편이다.	①	②	③	④	⑤
5	포기하지 않고 노력하는 것이 중요하다.	①	②	③	④	⑤
6	혼자 하는 일이 더 편하다.	①	②	③	④	⑤
7	노력의 여하보다 결과가 중요하다.	①	②	③	④	⑤
8	자기주장이 강하다.	①	②	③	④	⑤
9	장래의 일을 생각하면 불안해질 때가 있다.	①	②	③	④	⑤
10	소외감을 느낄 때가 있다.	①	②	③	④	⑤
11	푸념을 한 적이 없다.	①	②	③	④	⑤
12	남과 친해지려면 용기가 필요하다.	①	②	③	④	⑤
13	통찰력이 있다고 생각한다.	①	②	③	④	⑤
14	집에서 가만히 있으면 기분이 우울해진다.	①	②	③	④	⑤
15	매사에 느긋하고 차분하게 대처한다.	①	②	③	④	⑤

번호	질문	전혀 아니다	약간 아니다	보통 이다	약간 그렇다	매우 그렇다
16	좋은 생각이 떠올라도 실행하기 전에 여러모로 검토한다.	①	②	③	④	⑤
17	누구나 권력자를 동경하고 있다고 생각한다.	①	②	③	④	⑤
18	몸으로 부딪혀 도전하는 편이다.	①	②	③	④	⑤
19	당황하면 갑자기 땀이 나서 신경 쓰일 때가 있다.	①	②	③	④	⑤
20	친구들은 나를 진지한 사람으로 생각하고 있다.	①	②	③	④	⑤
21	감정적으로 될 때가 많다.	①	②	③	④	⑤
22	다른 사람의 일에 관심이 없다.	①	②	③	④	⑤
23	다른 사람으로부터 지적받는 것은 싫다.	①	②	③	④	⑤
24	지루하면 마구 떠들고 싶어진다.	①	②	③	④	⑤
25	남들이 침착하다고 한다.	①	②	③	④	⑤
26	혼자 있는 것을 좋아한다.	①	②	③	④	⑤
27	한 자리에 가만히 있는 것을 싫어한다.	①	②	③	④	⑤
28	시간이 나면 주로 자는 편이다.	①	②	③	④	⑤
29	조용한 것보다는 활동적인 것이 좋다.	①	②	③	④	⑤
30	맡은 분야에서 항상 최고가 되려고 한다.	①	②	③	④	⑤
31	하루 종일 책상 앞에 앉아 있어도 지루해하지 않는 편이다.	①	②	③	④	⑤
32	알기 쉽게 요점을 정리한 다음 남에게 잘 설명하는 편이다.	①	②	③	④	⑤
33	생물 시간보다는 미술 시간에 흥미가 있다.	①	②	③	④	⑤
34	남이 자신에게 상담을 해오는 경우가 많다.	①	②	③	④	⑤
35	친목회나 송년회 등에서 총무 역할을 좋아하는 편이다.	①	②	③	④	⑤
36	실패하든 성공하든 그 원인은 꼭 분석한다.	①	②	③	④	⑤
37	실내 장식품이나 액세서리 등에 관심이 많다.	①	②	③	④	⑤
38	남에게 보이기 좋아하고 지기 싫어하는 편이다.	①	②	③	④	⑤
39	대자연 속에서 마음대로 몸을 움직이는 일이 좋다.	①	②	③	④	⑤
40	회식이나 모임에서 자연스럽게 돌아다니며 인사하는 성격이다.	①	②	③	④	⑤

번호	질문	전혀 아니다	약간 아니다	보통 이다	약간 그렇다	매우 그렇다
41	자신의 장래에 대해 자주 생각한다.	①	②	③	④	⑤
42	혼자 있는 것에 익숙하다.	①	②	③	④	⑤
43	별 근심이 없다.	①	②	③	④	⑤
44	나의 혼경에 아주 만족한다.	①	②	③	④	⑤
45	상품을 고를 때 디자인과 색에 신경을 많이 쓴다.	①	②	③	④	⑤
46	카리스마가 있다는 말을 들어본 적이 있다.	①	②	③	④	⑤
47	외출할 때 날씨가 좋지 않아도 그다지 신경을 쓰지 않는다.	①	②	③	④	⑤
48	손님을 쿨러들이는 호객행위도 마음만 먹으면 할 수 있을 것 같다.	①	②	③	④	⑤
49	신중하그 주의 깊은 편이다.	①	②	③	④	⑤
50	잘못된 부분을 보면 그냥 지나치지 못한다.	①	②	③	④	⑤
51	사놓고 쓰지 않는 물건이 많이 있다.	①	②	③	④	⑤
52	마음에 들지 않는 사람은 만나지 않으려고 노력한다.	①	②	③	④	⑤
53	스트레스 관리를 잘한다.	①	②	③	④	⑤
54	악의 없이 한 말에도 화를 낸다.	①	②	③	④	⑤
55	자신을 비난하는 사람은 피하는 편이다.	①	②	③	④	⑤
56	깨끗이 정돈된 상태를 좋아한다.	①	②	③	④	⑤
57	기분에 따라 목적지를 바꾼다.	①	②	③	④	⑤
58	다른 사람들의 주목을 받는 것을 좋아한다.	①	②	③	④	⑤
59	타인의 충고를 받아들이는 편이다.	①	②	③	④	⑤
60	이유 없이 기분이 우울해질 때가 있다.	①	②	③	④	⑤
61	감정을 표현하는 것은 헛된 일이라고 생각한다.	①	②	③	④	⑤
62	영화를 보고 운 적이 많다.	①	②	③	④	⑤
63	남을 도와주다가 내 일을 끝내지 못한 적이 있다.	①	②	③	④	⑤
64	누가 시키지 않아도 스스로 일을 찾아서 한다.	①	②	③	④	⑤
65	다른 사람이 바보라고 생각되는 경우가 있다.	①	②	③	④	⑤

번호	질문	전혀 아니다	약간 아니다	보통 이다	약간 그렇다	매우 그렇다
66	부모에게 불평을 한 적이 한 번도 없다.	①	②	③	④	⑤
67	내성적이라고 생각한다.	①	②	③	④	⑤
68	돌다리도 두드리고 건너는 타입이라고 생각한다.	①	②	③	④	⑤
69	굳이 말하자면 시원시원한 성격이다.	①	②	③	④	⑤
70	끈기가 강하다.	①	②	③	④	⑤
71	어떠한 일에 쉽게 구애받는 편이며 장인의식도 강하다.	①	②	③	④	⑤
72	우리나라 분재를 파리에서 파는 방법 따위를 생각하기 좋아한다.	①	②	③	④	⑤
73	종일 돌아다녀도 그다지 피곤을 느끼지 않는다.	①	②	③	④	⑤
74	컴퓨터의 키보드 조작도 연습하면 잘할 수 있을 것 같다.	①	②	③	④	⑤
75	자동차나 모터보트 등의 운전에 흥미를 갖고 있다.	①	②	③	④	⑤
76	인기 연예인의 인기비결을 곧잘 생각해 본다.	①	②	③	④	⑤
77	과자나 빵을 판매하는 일보다 만드는 일이 나에게 맞을 것 같다.	①	②	③	④	⑤
78	대체로 걱정하거나 고민하지 않는다.	①	②	③	④	⑤
79	비판적인 말을 들어도 쉽게 상처받지 않는다.	①	②	③	④	⑤
80	초등학교 선생님보다는 등대지기가 더 재미있을 것 같다.	①	②	③	④	⑤
81	규정을 어떤 경우에도 지켜야 한다.	①	②	③	④	⑤
82	보고 들은 것을 문장으로 옮기는 것을 좋아한다.	①	②	③	④	⑤
83	남에게 뭔가 가르쳐주는 일이 좋다.	①	②	③	④	⑤
84	창의적 업무보다 계획되고 반복적인 업무가 적성에 맞다.	①	②	③	④	⑤
85	나이 차가 많은 사람과도 잘 어울린다.	①	②	③	④	⑤
86	전표 계산 또는 장부 기입 같은 일을 싫증내지 않고 할 수 있다.	①	②	③	④	⑤
87	책이나 신문을 열심히 읽는 편이다.	①	②	③	④	⑤
88	신경이 예민한 편이며, 감수성도 예민하다.	①	②	③	④	⑤
89	연회석에서 망설임 없이 노래를 부르거나 장기를 보이는 편이다.	①	②	③	④	⑤
90	즐거운 캠프를 위해 계획 세우기를 좋아한다.	①	②	③	④	⑤

번호	질문	전혀 아니다	약간 아니다	보통 이다	약간 그렇다	매우 그렇다
91	데이터를 분류하거나 통계내는 일을 싫어하지는 않는다.	①	②	③	④	⑤
92	드라마나 소설 속의 등장인물의 생활과 사고방식에 흥미가 있다.	①	②	③	④	⑤
93	자신의 미적 표현력을 살리면 상당히 좋은 작품이 나올 것 같다.	①	②	③	④	⑤
94	화려한 것을 좋아하며 주위의 평판에 신경을 쓰는 편이다.	①	②	③	④	⑤
95	여럿이서 여행할 기회가 있다면 즐겁게 참가한다.	①	②	③	④	⑤
96	여행 스감을 쓰는 것을 좋아한다.	①	②	③	④	⑤
97	상품전시회에서 상품 설명을 한다면 잘할 수 있을 것 같다.	①	②	③	④	⑤
98	변화가 적고 손이 많이 가는 일도 꾸준히 하는 편이다.	①	②	③	④	⑤
99	신제품 홍보에 흥미가 있다.	①	②	③	④	⑤
100	열차 시간표 한 페이지 정도라면 정확하게 옮겨 쓸 자신이 있다.	①	②	③	④	⑤
101	이성적긴 사람 밑에서 일하고 싶다.	①	②	③	④	⑤
102	작은 소리에도 신경이 쓰인다.	①	②	③	④	⑤
103	미래에 대한 고민이 많다.	①	②	③	④	⑤
104	컨디션게 따라 행동한다.	①	②	③	④	⑤
105	항상 구칙적으로 생활한다.	①	②	③	④	⑤
106	다소 감정적이라고 생각한다.	①	②	③	④	⑤
107	다른 사람의 의견을 잘 수긍하는 편이다.	①	②	③	④	⑤
108	결심을 하더라도 생각을 바꾸는 일이 많다.	①	②	③	④	⑤
109	다시는 떠올리고 싶지 않은 기억이 있다.	①	②	③	④	⑤
110	과거를 잘 생각하는 편이다.	①	②	③	④	⑤
111	평소 긷정이 메마른 것 같다는 생각을 한다.	①	②	③	④	⑤
112	가끔 ㅎ늘을 올려다 본다.	①	②	③	④	⑤
113	생각조차 하기 싫은 사람이 있다.	①	②	③	④	⑤
114	멍하니 있는 경우가 많다.	①	②	③	④	⑤
115	잘하지 못하는 것이라도 자진해서 한다.	①	②	③	④	⑤

번호	질문	전혀 아니다	약간 아니다	보통 이다	약간 그렇다	매우 그렇다
116	가만히 있지 못할 정도로 불안해질 때가 많다.	①	②	③	④	⑤
117	자주 깊은 생각에 잠긴다.	①	②	③	④	⑤
118	이유도 없이 다른 사람과 부딪힐 때가 있다.	①	②	③	④	⑤
119	타인의 일에는 별로 관여하고 싶지 않다고 생각한다.	①	②	③	④	⑤
120	무슨 일이든 자신을 가지고 행동한다.	①	②	③	④	⑤
121	유명인과 서로 아는 사람이 되고 싶다.	①	②	③	④	⑤
122	지금까지 후회를 한 적이 없다.	①	②	③	④	⑤
123	언제나 생기가 있다.	①	②	③	④	⑤
124	무슨 일이든 생각해 보지 않으면 만족하지 못한다.	①	②	③	④	⑤
125	다소 무리를 하더라도 피로해지지 않는다.	①	②	③	④	⑤
126	굳이 말하자면 장거리 주자에 어울린다고 생각한다.	①	②	③	④	⑤
127	여행을 가기 전에는 세세한 계획을 세운다.	①	②	③	④	⑤
128	능력을 살릴 수 있는 일을 하고 싶다.	①	②	③	④	⑤
129	관심 분야가 자주 바뀐다.	①	②	③	④	⑤
130	인생에서 중요한 것은 높은 목표를 갖는 것이다.	①	②	③	④	⑤
131	부끄러움을 잘 탄다.	①	②	③	④	⑤
132	상상력이 풍부하다.	①	②	③	④	⑤
133	자신을 자신감 있게 표현할 수 있다.	①	②	③	④	⑤
134	열등감은 좋지 않다고 생각한다.	①	②	③	④	⑤
135	후회하는 일이 전혀 없다.	①	②	③	④	⑤
136	매사를 태평하게 보는 편이다.	①	②	③	④	⑤
137	한번 시작한 일은 끝을 맺는다.	①	②	③	④	⑤
138	행동으로 옮기기까지 시간이 걸린다.	①	②	③	④	⑤
139	다른 사람들이 하지 못하는 일을 하고 싶다.	①	②	③	④	⑤
140	해야 할 일은 신속하게 처리한다.	①	②	③	④	⑤

번호	질문	전혀 아니다	약간 아니다	보통 이다	약간 그렇다	매우 그렇다
141	병이 0닌지 걱정이 들 때가 있다.	①	②	③	④	⑤
142	다른 사람의 충고를 기분 좋게 듣는 편이다.	①	②	③	④	⑤
143	다른 사람에게 의존적일 때가 많다.	①	②	③	④	⑤
144	타인에게 간섭받는 것은 싫다.	①	②	③	④	⑤
145	자의식 과잉이라는 생각이 들 때가 있다.	①	②	③	④	⑤
146	수다를 좋아한다.	①	②	③	④	⑤
147	잘못된 일을 한 적이 한 번도 없다.	①	②	③	④	⑤
148	모르는 사람과 이야기하는 것은 용기가 필요하다.	①	②	③	④	⑤
149	끙끙거리며 생각할 때가 있다.	①	②	③	④	⑤
150	다른 사람에게 항상 움직이고 있다는 말을 듣는다.	①	②	③	④	⑤
151	매사에 얽매인다.	①	②	③	④	⑤
152	잘하지 못하는 게임은 하지 않으려고 한다.	①	②	③	④	⑤
153	어떠한 일이 있어도 출세하고 싶다.	①	②	③	④	⑤
154	막무가내라는 말을 들을 때가 많다.	①	②	③	④	⑤
155	신경이 예민한 편이라고 생각한다.	①	②	③	④	⑤
156	쉽게 침울해진다.	①	②	③	④	⑤
157	쉽게 싫증을 내는 편이다.	①	②	③	④	⑤
158	옆에 사람이 있으면 싫다.	①	②	③	④	⑤
159	토론에서 이길 자신이 있다.	①	②	③	④	⑤
160	친구들과 남의 이야기를 하는 것을 좋아한다.	①	②	③	④	⑤
161	전망을 세우고 행동할 때가 많다.	①	②	③	④	⑤
162	일에는 결과가 중요하다고 생각한다.	①	②	③	④	⑤
163	활력이 있다.	①	②	③	④	⑤
164	항상 천재지변을 당하지 않을까 걱정하고 있다.	①	②	③	④	⑤
165	때로는 후회할 때도 있다.	①	②	③	④	⑤

번호	질문	전혀 아니다	약간 아니다	보통 이다	약간 그렇다	매우 그렇다
166	다른 사람에게 위해를 가할 것 같은 기분이 든 때가 있다.	①	②	③	④	⑤
167	진정으로 마음을 허락할 수 있는 사람은 없다.	①	②	③	④	⑤
168	기다리는 것에 짜증내는 편이다.	①	②	③	④	⑤
169	친구들로부터 줏대 없는 사람이라는 말을 듣는다.	①	②	③	④	⑤
170	사물을 과장해서 말한 적은 없다.	①	②	③	④	⑤
171	인간관계가 폐쇄적이라는 말을 듣는다.	①	②	③	④	⑤
172	매사에 신중한 편이라고 생각한다.	①	②	③	④	⑤
173	눈을 뜨면 바로 일어난다.	①	②	③	④	⑤
174	난관에 봉착해도 포기하지 않고 열심히 해본다.	①	②	③	④	⑤
175	실행하기 전에 재확인할 때가 많다.	①	②	③	④	⑤
176	리더로서 인정을 받고 싶다.	①	②	③	④	⑤
177	어떤 일이 있어도 의욕을 가지고 열심히 하는 편이다.	①	②	③	④	⑤
178	다른 사람의 감정에 민감하다.	①	②	③	④	⑤
179	다른 사람들이 남을 배려하는 마음씨가 있다는 말을 한다.	①	②	③	④	⑤
180	사소한 일로 우는 일이 많다.	①	②	③	④	⑤
181	반대에 부딪혀도 자신의 의견을 바꾸는 일은 없다.	①	②	③	④	⑤
182	누구와도 편하게 이야기할 수 있다.	①	②	③	④	⑤
183	가만히 있지 못할 정도로 침착하지 못할 때가 있다.	①	②	③	④	⑤
184	다른 사람을 싫어한 적은 한 번도 없다.	①	②	③	④	⑤
185	그룹 내에서는 누군가의 주도하에 따라가는 경우가 많다.	①	②	③	④	⑤
186	차분하다는 말을 듣는다.	①	②	③	④	⑤
187	스포츠 선수가 되고 싶다고 생각한 적이 있다.	①	②	③	④	⑤
188	모두가 싫증을 내는 일도 혼자서 열심히 한다.	①	②	③	④	⑤
189	휴일은 세부적인 계획을 세우고 보낸다.	①	②	③	④	⑤
190	완성된 것보다 미완성인 것에 흥미가 있다.	①	②	③	④	⑤

번호	질문	전혀 아니다	약간 아니다	보통 이다	약간 그렇다	매우 그렇다
191	훌쩍 여행을 떠나고 싶을 때가 자주 있다.	①	②	③	④	⑤
192	대인관계가 귀찮다고 느낄 때가 있다.	①	②	③	④	⑤
193	자신의 권리를 주장하는 편이다.	①	②	③	④	⑤
194	낙천가라고 생각한다.	①	②	③	④	⑤
195	싸움을 한 적이 없다.	①	②	③	④	⑤
196	자신의 의견을 상대에게 잘 주장하지 못한다.	①	②	③	④	⑤
197	좀처럼 결단하지 못하는 경우가 있다.	①	②	③	④	⑤
198	하나의 취미를 오래 지속하는 편이다.	①	②	③	④	⑤
199	한번 시작한 일은 어떻게든 끝을 봐야 한다.	①	②	③	④	⑤
200	내 방식대로 일하는 편이 좋다.	①	②	③	④	⑤

면접 가이드

01 면접유형 파악

1. 면접전형의 변화

기존 면접전형에서는 일상적이고 단편적인 대화나 지원자의 첫인상 및 면접관의 주관적인 판단 등에 의해서 입사 결정 여부를 판단하는 경우가 많았습니다. 이러한 면접전형은 면접 내용의 일관성이 결여되거나 직무 관련 타당성이 부족하였고, 면접에 대한 신뢰도에 영향을 주었습니다.

기존 면접(전통적 면접)	능력중심 채용 면접(구조화 면접)

• 일상적이고 단편적인 대화
• 인상, 외모 등 외부 요소의 영향
• 주관적인 판단에 의존한 총점 부여
 	
⇩
 	
• 면접 내용의 일관성 결여
• 직무관련 타당성 부족
• 주관적인 채점으로 신뢰도 저하
	• 일관성
	  – 직무관련 역량에 초점을 둔 구체적 질문 목록
	  – 지원자별 동일 질문 적용
	• 구조화
	  – 면접 진행 및 평가 절차를 일정한 체계에 의해 구성
	• 표준화
	  – 평가 타당도 제고를 위한 평가 Matrix 구성
	  – 척도에 따라 항목별 채점, 개인 간 비교
	• 신뢰성
	  – 면접진행 매뉴얼에 따라 면접위원 교육 및 실습

(VS)

2. 능력중심 채용의 면접 유형

① 경험 면접
- 목적 : 선발하고자 하는 직무 능력이 필요한 과거 경험을 질문합니다.
- 평가요소 : 직업기초능력과 인성 및 태도적 요소를 평가합니다.

② 상황 면접
- 목적 : 특정 상황을 제시하고 지원자의 행동을 관찰함으로써 실제 상황의 행동을 예상합니다.
- 평가요소 : 직업0기초능력과 인성 및 태도적 요소를 평가합니다.

③ 발표 면접
- 목적 : 특정 주제와 관련된 지원자의 발표와 질의응답을 통해 지원자의 역량을 평가합니다.
- 평가요소 : 직무수행능력과 인지적 역량(문제해결능력)을 평가합니다.

④ 토론 면접
- 목적 : 토의과제에 대한 의견수렴 과정에서 지원자의 역량과 상호작용능력을 평가합니다.
- 평가요소 : 직무수행능력과 팀워크를 평가합니다.

02 면접유형별 준비 방법

1. 경험 면접

① 경험 면접의 특징
- 주로 직업기초능력에 관련된 지원자의 과거 경험을 심층 질문하여 검증하는 면접입니다.

> - 능력요소, 정의, 심사 기준
>   - 평가하고자 하는 능력요소, 정의, 심사기준을 확인하여 면접위원이 해당 능력요소 관련 질문을 제시합니다.
> - Opening Question
>   - 능력요소에 관련된 과거 경험을 유도하기 위한 시작 질문을 합니다.
> - Follow-up Question
>   - 지원자의 경험 수준을 구체적으로 검증하기 위한 질문입니다.
>   - 경험 수준 검증을 위한 상황(Situation), 임무(Task), 역할 및 노력(Action), 결과(Result) 등으로 질문을 구분합니다.

경험 면접의 형태

[면접관 1]　[면접관 2]　[면접관 3]　　　　[면접관 1]　[면접관 2]　[면접관 3]

[지원자]　　　　　　　　　　　　[지원자 1]　[지원자 2]　[지원자 3]
〈일대다 면접〉　　　　　　　　　　〈다대다 면접〉

- 직무능력 관련한 과거 경험을 평가하기 위해 심층 질문을 하며, 이 질문은 지원자의 답변에 대하여 '꼬리에 꼬리를 무는 형식'으로 진행됩니다.

② 경험 면접의 구조

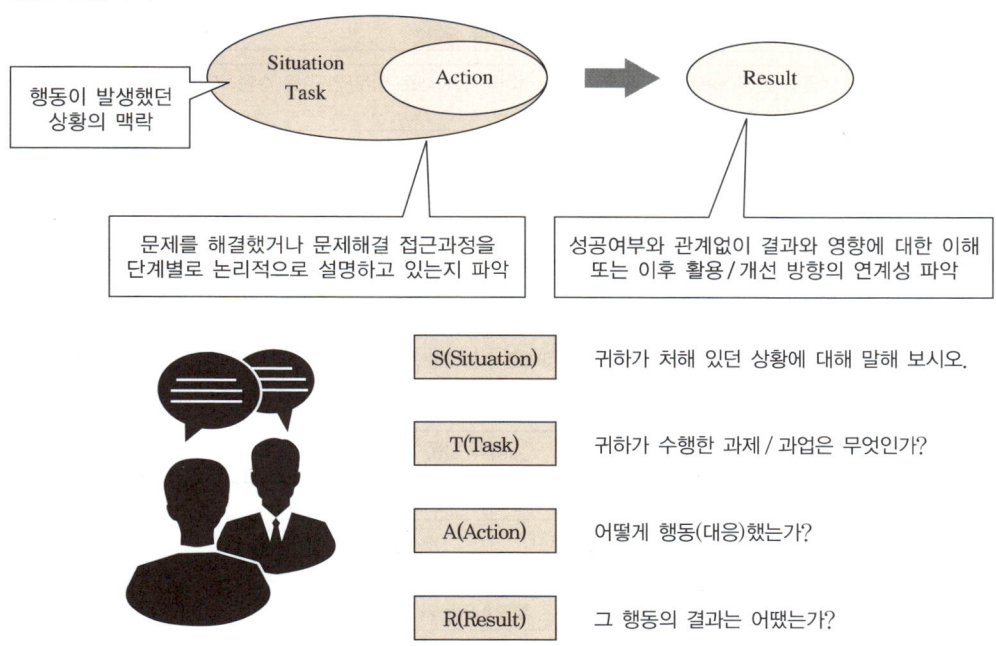

행동이 발생했던
상황의 맥락

문제를 해결했거나 문제해결 접근과정을
단계별로 논리적으로 설명하고 있는지 파악

성공여부와 관계없이 결과와 영향에 대한 이해
또는 이후 활용 / 개선 방향의 연계성 파악

S(Situation) 귀하가 처해 있던 상황에 대해 말해 보시오.

T(Task) 귀하가 수행한 과제 / 과업은 무엇인가?

A(Action) 어떻게 행동(대응)했는가?

R(Result) 그 행동의 결과는 어땠는가?

( )에 관한 과거 경험에 대하여 말해 보시오.

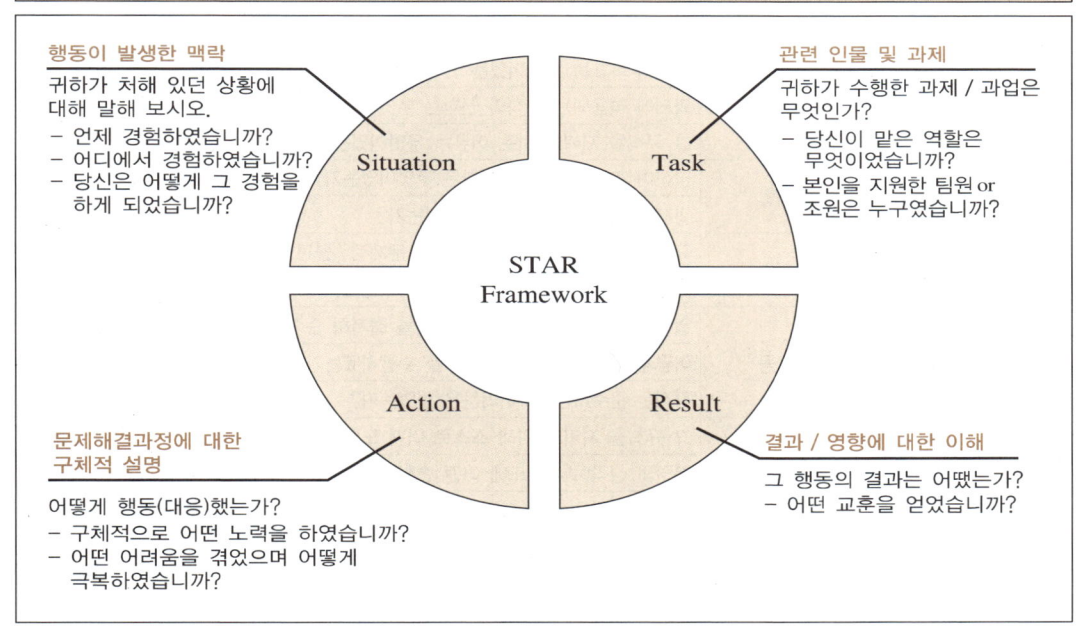

행동이 발생한 맥락
귀하가 처해 있던 상황에
대해 말해 보시오.
- 언제 경험하였습니까?
- 어디에서 경험하였습니까?
- 당신은 어떻게 그 경험을
  하게 되었습니까?

관련 인물 및 과제
귀하가 수행한 과제 / 과업은
무엇인가?
- 당신이 맡은 역할은
  무엇이었습니까?
- 본인을 지원한 팀원 or
  조원은 누구였습니까?

Situation

Task

STAR
Framework

Action

Result

**문제해결과정에 대한
구체적 설명**
어떻게 행동(대응)했는가?
- 구체적으로 어떤 노력을 하였습니까?
- 어떤 어려움을 겪었으며 어떻게
  극복하였습니까?

결과 / 영향에 대한 이해
그 행동의 결과는 어땠는가?
- 어떤 교훈을 얻었습니까?

③ 경험 면접 질문 예시(직업윤리)

	시작 질문
1	남들이 신경 쓰지 않는 부분까지 고려하여 절차대로 업무(연구)를 수행하여 성과를 낸 경험을 구체적으로 말해 보시오.
2	조직의 원칙과 절차를 철저히 준수하며 업무(연구)를 수행한 것 중 성과를 향상시킨 경험에 대해 구체적으로 말해 보시오.
3	세부적인 절차와 규칙에 주의를 기울여 실수 없이 업무(연구)를 마무리한 경험을 구체적으로 말해 보시오.
4	조직의 규칙이나 원칙을 고려하여 성실하게 일했던 경험을 구체적으로 말해 보시오.
5	타인의 실수를 바로잡고 원칙과 절차대로 수행하여 성공적으로 업무를 마무리하였던 경험에 대해 말해 보시오.

	후속 질문	
상황 (Situation)	상황	구체적으로 언제, 어디에서 경험한 일인가?
		어떤 상황이었는가?
	조직	어떤 조직에 속해 있었는가?
		그 조직의 특성은 무엇이었는가?
		몇 명으로 구성된 조직이었는가?
	기간	해당 조직에는 얼마나 일했는가?
		해당 업무는 몇 개월 동안 지속되었는가?
	조직규칙	조직의 원칙이나 규칙은 무엇이었는가?
임두 (Task)	과제	과제의 목표는 무엇이었는가?
		과제에 적용되는 조직의 원칙은 무엇이었는가?
		그 규칙을 지켜야 하는 이유는 무엇이었는가?
	역할	당신이 조직에서 맡은 역할은 무엇이었는가?
		과제에서 맡은 역할은 무엇이었는가?
	문제의식	규칙을 지키지 않을 경우 생기는 문제점 / 불편함은 무엇인가?
		해당 규칙이 왜 중요하다고 생각하였는가?
역할 및 노력 (Action)	행동	업무 과정의 어떤 장면에서 규칙을 철저히 준수하였는가?
		어떻게 규정을 적용시켜 업무를 수행하였는가?
		규정은 준수하는 데 어려움은 없었는가?
	노력	그 규칙을 지키기 위해 스스로 어떤 노력을 기울였는가?
		본인의 생각이나 태도에 어떤 변화가 있었는가?
		다른 사람들은 어떤 노력을 기울였는가?
	동료관계	동료들은 규칙을 철저히 준수하고 있었는가?
		팀원들은 해당 규칙에 대해 어떻게 반응하였는가?
		규칙에 대한 태도를 개선하기 위해 어떤 노력을 하였는가?
		팀원들의 태도는 당신에게 어떤 자극을 주었는가?
	업무추진	주어진 업무를 추진하는 데 규칙이 방해되진 않았는가?
		업무수행 과정에서 규정을 어떻게 적용하였는가?
		업무 시 규정을 준수해야 한다고 생각한 이유는 무엇인가?

결과 (Result)	평가	규칙을 어느 정도나 준수하였는가?
		그렇게 준수할 수 있었던 이유는 무엇이었는가?
		업무의 성과는 어느 정도였는가?
		성과에 만족하였는가?
		비슷한 상황이 온다면 어떻게 할 것인가?
	피드백	주변 사람들로부터 어떤 평가를 받았는가?
		그러한 평가에 만족하는가?
		다른 사람에게 본인의 행동이 영향을 주었다고 생각하는가?
	교훈	업무수행 과정에서 중요한 점은 무엇이라고 생각하는가?
		이 경험을 통해 느낀 바는 무엇인가?

2. 상황 면접

① 상황 면접의 특징

직무 관련 상황을 가정하여 제시하고 이에 대한 대응능력을 직무관련성 측면에서 평가하는 면접입니다.

> • 상황 면접 과제의 구성은 크게 2가지로 구분
>   – 상황 제시(Description) / 문제 제시(Question or Problem)
> • 현장의 실제 업무 상황을 반영하여 과제를 제시하므로 직무분석이나 직무전문가 워크숍 등을 거쳐 현장성을 높임
> • 문제는 상황에 대한 기본적인 이해 능력(이론적 지식)과 함께 실질적 대응이나 변수 고려능력(실천적 능력) 등을 고르게 질문해야 함

상황 면접의 형태

[면접관 1]   [면접관 2]

[연기자 1]   [연기자 2]   [면접관 1]   [면접관 2]

[지원자]   [지원자 1] [지원자 2] [지원자 3]

〈시뮬레이션〉   〈문답형〉

② 상황 면접 예시

	인천공항 여객터미널 내에는 다양한 용도의 시설(사무실, 통신실, 식당, 전산실, 창고 면세점 등)이 설치되어 있습니다.	실제 업무 상황에 기반함
상황 제시	금년에 소방배관의 누수가 잦아 메인 배관을 교체하는 공사를 추진하고 있으며, 당신은 이번 공사의 담당자입니다.	배경 정보
	주간에는 공항 운영이 이루어져 주로 야간에만 배관 교체 공사를 수행하던 중, 시공하는 기능공의 실수로 배관 연결 부위를 잘못 건드려 고압배관의 소화수가 누출되는 사고가 발생하였으며, 이로 인해 인근 시설물에는 누수에 의한 피해가 발생하였습니다.	구체적인 문제 상황
문제 제시	일반적인 소방배관의 배관연결(이음)방식과 배관의 이탈(누수)이 발생하는 원인에 대해 설명해 보시오.	문제 상황 해결을 위한 기본 지식 문항
	담당자로서 본 사고를 현장에서 긴급히 처리하는 프로세스를 제시하고, 보수완료 후 사후적 조치가 필요한 부분 및 재발방지 방안에 대해 설명해 보시오.	문제 상황 해결을 위한 추가 대응 문항

3. 발표 면접

① 발표 면접의 특징
- 직무관련 주제에 대한 지원자의 생각을 정리하여 의견을 제시하고, 발표 및 질의응답을 통해 지원자의 직무 능력을 평가하는 면접입니다.
- 발표 주제는 직무와 관련된 자료로 제공되며, 일정 시간 후 지원자가 보유한 지식 및 방안에 대한 발표 및 후속 질문을 통해 직무적합성을 평가합니다.

- 주요 평가요소
  - 설득적 말하기 / 발표능력 / 문제해결능력 / 직무관련 전문성
- 이미 언론을 통해 공론화된 시사 이슈보다는 해당 직무분야에 관련된 주제가 발표면접의 과제로 선정되는 경우가 최근 들어 늘어나고 있음
- 짧은 시간 동안 주어진 과제를 빠른 속도로 분석하여 발표문을 작성하고 제한된 시간 안에 면접관에게 효과적인 발표를 진행하는 것이 핵심

발표 면접의 형태

[면접관 1] [면접관 2]

[면접관 1] [면접관 2]

[지원자]

〈개별과제 발표〉

[지원자 1] [지원자 2] [지원자 3]

〈팀 과제 발표〉

※ 면접관에게 시각적 효과를 사용하여 메시지를 전달하는 쌍방향 커뮤니케이션 방식
※ 심층면접을 보완하기 위한 방안으로 최근 많은 기업에서 적극 도입하는 추세

② 발표 면접 예시

1. 지시문

> 당신은 현재 A사에서 직원들의 성과평가를 담당하고 있는 팀원이다. 인사팀은 지난주부터 사내 조직문화관련 인터뷰를 하던 도중 성과평가제도에 관련된 개선 니즈가 제일 많다는 것을 알게 되었다. 이에 팀장님은 인터뷰 결과를 종합하려 성과평가제도 개선 아이디어를 A4 용지 1장 이내로 신속 보고할 것을 지시하셨다. 당신에게 남은 시간은 1시간이다. 자료를 준비하는 대로 당신은 팀원들이 모인 회의실에서 5분간 발표할 것이며, 이후 질의응답을 진행할 것이다.

2. 배경자료

> 〈성과평가제도 개선에 대한 인터뷰〉
>
> 최근 A사는 회사 사세의 급성장으로 인해 작년보다 매출이 두 배 성장하였고, 직원 수 또한 두 배로 증가하였다. 회사의 성장은 임금, 복지에 대한 상승 등 긍정적인 영향을 주었으나 업무의 불균형 및 성과보상의 불평등의 문제가 발생하였다. 또한 수시로 입사하는 신입직원과 경력직원, 퇴사하는 직원들까지 인원들의 잦은 변동으로 인해 평가해야 할 대상이 변경되어 현재의 성과평가제도로는 공정한 평가가 어려운 상황이다.
>
> [생산부서 김상호]
> 우리 팀은 지난 1년 동안 생산량이 급증했기 때문에 수십 명의 신규인력이 급하게 채용되었습니다. 이 때문에 저희 팀장님은 신규 입사자들의 이름조차 기억 못 할 때가 많이 있습니다. 성과평가를 제대로 하고 있는지 의문이 듭니다.
>
> [마케팅 부서 김흥민]
> 개인의 성과평가의 취지는 충분히 이해합니다. 그러나 현재 평가는 실적기반이나 정성적인 평가가 많이 포함되어 있어 객관성과 공정성에는 의문이 드는 것이 사실입니다. 이러한 상황에서 평가 제도를 재수립하지 않고, 인센티브에 계속 반영한다면, 평가제도에 대한 반감이 커질 것이 분명합니다.
>
> [교육부서 홍경민]
> 현재 교육부서는 인사팀과 밀접하게 일하고 있습니다. 그럼에도 인사팀에서 실시하는 성과평가제도에 대한 이해가 부족한 것 같습니다.
>
> [기획부서 김경호 차장]
> 저는 저의 평가자 중 하나가 연구부서의 팀장님인데, 일 년에 몇 번 같이 일하지 않는데 어떻게 저를 평가할 수 있을까요? 특히 연구팀은 저희가 예산을 배정하는데, 저에게는 좋지만 …

4. 토론 면접

① 토론 면접의 특징
- 다수의 지원자가 조를 편성해 과제에 대한 토론(토의)을 통해 결론을 도출해 가는 면접입니다.
- 의사소통능력, 팀워크, 종합인성 등의 평가에 용이합니다.

---

1. 주요 평가요소
   - 설득적 말하기, 경청능력, 팀워크, 종합인성
2. 의견이 대립이 명확한 주제 또는 채용분야의 직무 관련 주요 현안을 주제로 과제 구성
3. 제한된 시간 내 토론을 진행해야 하므로 적극적으로 자신 있게 토론에 임하고 본인의 의견을 개진할 수 있어야 함

토론 면접의 형태

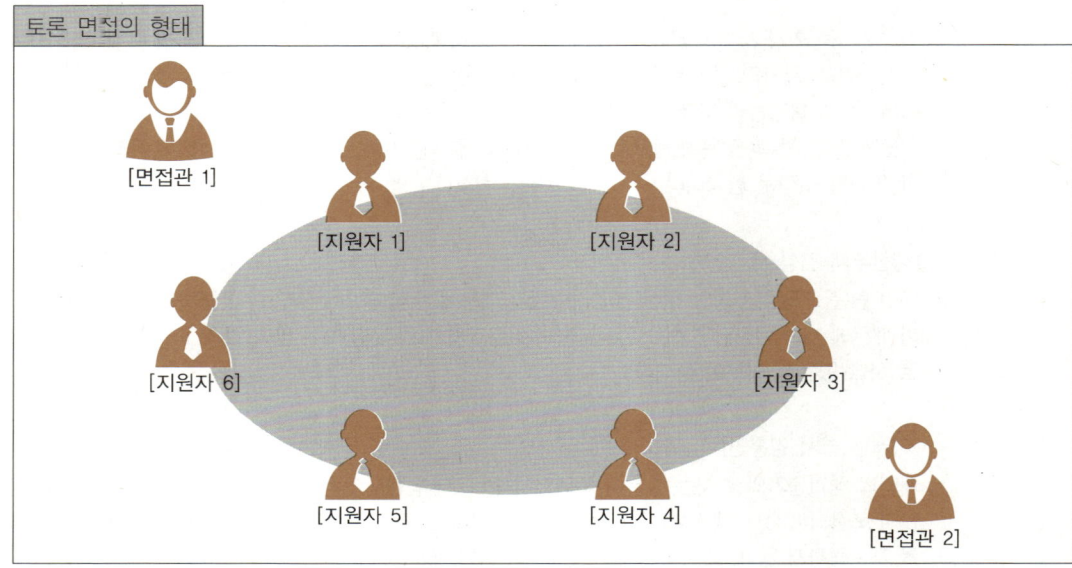

② 토론 면접 예시

고객 불만 고충처리

1. 들어가며

최근 우리 상품에 대한 고객 불만의 증가로 고객고충처리 TF가 만들어졌고 당신은 여기에 지원해 배치받았다. 당신의 업무는 불만을 가진 고객을 만나서 애로사항을 듣고 처리해 주는 일이다. 주된 업무로는 고객의 니즈를 파악해 방향성을 제시해 주고 그 해결책을 마련하는 일이다. 하지만 경우에 따라서 고객의 주관적인 의견으로 인해 제대로 된 방향으로 의사결정을 하지 못할 때가 있다. 이럴 경우 설득이나 논쟁을 해서라도 의견을 관철시키는 것이 좋을지 아니면 고객의 의견대로 진행하는 것이 좋을지 결정해야 할 때가 있다. 만약 당신이라면 이러한 상황에서 어떤 결정을 내릴 것인지 여부를 자유롭게 토론해 보시오.

2. 1분 자유 발언 시 준비사항

- 당신은 의견을 자유롭게 개진할 수 있으며 이에 따른 불이익은 없습니다.
- 토론의 방향성을 이해하고, 내용의 장점과 단점이 무엇인지 문제를 명확히 말해야 합니다.
- 합리적인 근거에 기초하여 개선방안을 명확히 제시해야 합니다.
- 제시한 방안을 실행 시 예상되는 긍정적·부정적 영향요인도 동시에 고려할 필요가 있습니다.

3. 토론 시 유의사항

- 토론 주제문과 제공해드린 메모지, 볼펜만 가지고 토론장에 입장할 수 있습니다.
- 사회자의 지정 또는 발표자가 손을 들어 발언권을 획득할 수 있으며, 사회자의 통제에 따릅니다.
- 토론회가 시작하면, 팀의 의견과 논거를 정리하여 1분간의 자유발언을 할 수 있습니다. 순서는 사회자가 지정합니다. 이후에는 자유롭게 상대방에게 질문하거나 답변을 하실 수 있습니다.
- 핸드폰, 서적 등 외부 매체는 사용하실 수 없습니다.
- 논제에 벗어나는 발언이나 지나치게 공격적인 발언을 할 경우, 위에서 제시한 유의사항을 지키지 않을 경우 불이익을 받을 수 있습니다.

03 면접 Role Play

1. 면접 Role Play 편성

- 교육생끼리 조를 편성하여 면접관과 지원자 역할을 교대로 진행합니다.
- 지원자 입장과 면접관 입장을 모두 경험해 보면서 면접에 대한 적응력을 높일 수 있습니다.

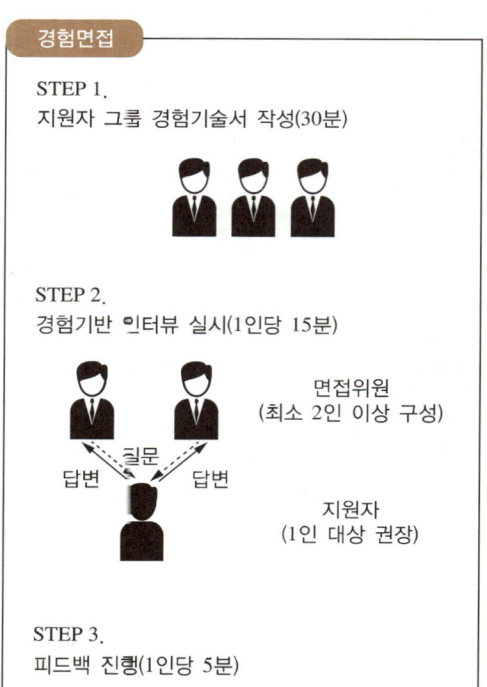

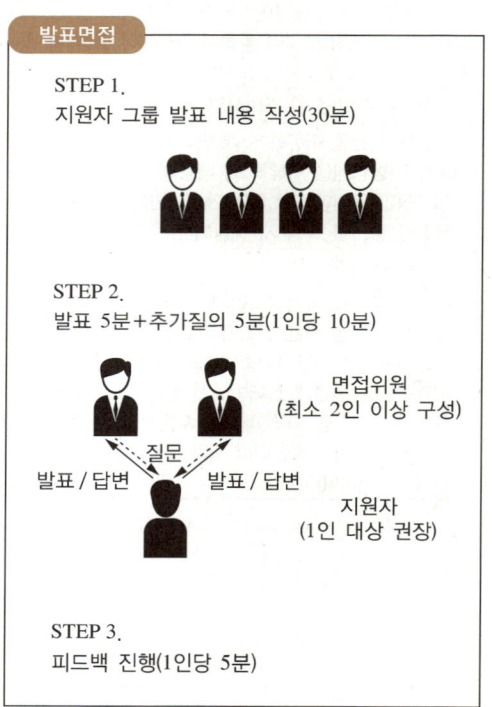

Tip

면접 준비하기

1. 면접 유형 확인 필수
   - 기업마다 면접 유형이 상이하기 때문에 해당 기업의 면접 유형을 확인하는 것이 좋음
   - 일반적으로 실무진 면접, 임원면접 2차례를 거쳐 면접을 실시하는 기업이 많고 실무진 면접과 임원 면접에서 평가요소가 다르기 때문에 유형에 맞는 준비방법이 필요
2. 후속 질문에 관한 사전 점검
   - 블라인드 채용 면접에서는 주요 질문과 함께 후속 질문을 통해 지원자의 직무능력을 판단
     → STAR 기법을 통한 후속 질문을 미리 대비하는 것이 필요

04 코레일네트웍스 면접 기출

1. 개인면접 질문

- 입사 후 본인이 발전시킬 수 있는 역량에 대해 말해 보시오.
- 설득을 할 때 가장 중요한 것은 무엇이라 생각하는지 말해 보시오.
- 업무 수행 시 긴급성과 중요도 가운데 더 중요한 것은 무엇인지 경험을 들어 말해 보시오.
- 자신의 컴퓨터 활용 능력(엑셀, 한글 등)이 어느 정도인지 말해 보시오.
- 다른 사람과 차별되는 자신만의 강점에 대해 말해 보시오.
- 자신의 전공이 코레일네트웍스에 어떻게 기여할 수 있는지 말해 보시오.
- 1분간 자기 자신에 대해 소개하고, 장점과 단점에 대해 말해 보시오.
- 자기계발을 위한 취미활동에 대해 말해 보시오.
- 자신이 팀장이라면 어떤 방식으로 팀을 이끌어 나갈지 말해 보시오.
- 다른 사람과 원만하게 어울리는 자신만의 방법에 대해 말해 보시오.
- 스트레스를 해소하는 자신만의 방법에 대해 말해 보시오.
- 입사 후 목표에 대해 말해 보시오.
- 직장 내 갑질의 원인이 무엇이라 생각하는지 말해 보시오.

2. 기업 관련 질문

- 철도 관련 경험이 있다면 말해 보시오.
- 자신이 지원한 분야의 업무에 대해 아는 대로 말해 보시오.
- 코레일네트웍스에 입사하기 위해 했던 노력에 대해 말해 보시오.
- 만약 자신이 코레일네트웍스의 사장이라면 어떤 직원을 우선적으로 채용할 것인지 말해 보시오.
- 코레일네트웍스의 사업에 대해 아는 대로 말해 보시오.
- 코레일네트웍스에 지원한 이유에 대해 말해 보시오.
- 일반인에게 코레일네트웍스를 소개한다면 어떻게 할 것인지 말해 보시오.
- 최근 코레일네트웍스의 주요 이슈에 대해 말해 보시오.
- 코레일네트웍스의 비전과 이를 달성하기 위해 자신이 어떻게 기여할 수 있는지 말해 보시오.
- 코레일네트웍스에 입사한다면 어떤 일을 담당하고 싶은지 말해 보시오.

3. 경험관련 질문

- 리더십을 발휘해 본 경험에 대해 말해 보시오.
- 단기간에 성취를 이루어 냈던 경험에 대해 말해 보시오.
- 악성 민원인을 상대해 본 경험에 대해 말해 보시오.
- 서비스직 아르바이트를 하면서 특별히 어려웠던 경험에 대해 말해 보시오.
- 봉사활동을 한 경험에 대해 말해 보시오.
- 순환근무를 한 경험에 대해 말해 보시오.
- 주변 사람과의 갈등을 해결하는 자신만의 방법에 대해 말해 보시오.
- 어려운 상사와 근무를 해 본 경험에 대해 말해 보시오.
- 다른 사람과 함께 프로젝트를 진행한 경험에 대해 말해 보시오.

답안채점 • 성적분석 서비스

모바일 OMR

 →  →  →  → → → → →

| 도서 내 모의고사 우측 상단에 위치한 QR코드 찍기 | 로그인 하기 | '시작하기' 클릭 | '응시하기' 클릭 | 나의 답안을 모바일 OMR 카드에 입력 | '성적분석 & 채점결과' 클릭 | 현재 내 실력 확인하기 |

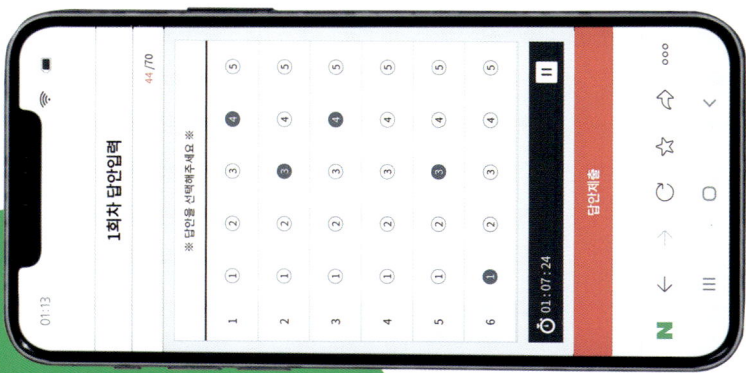

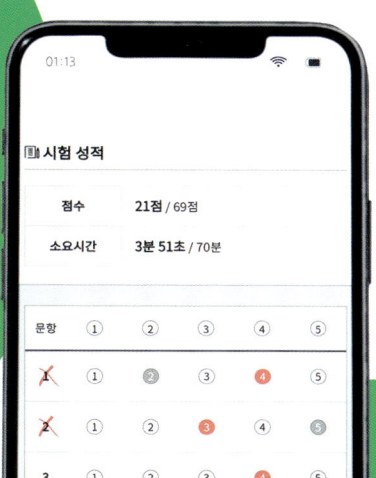

도서에 수록된 모의고사에 대한
객관적인 결과(정답률, 순위)를
종합적으로 분석하여 제공합니다.

※OMR 답안채점 / 성적분석 서비스는 등록 후 30일간 사용 가능합니다.

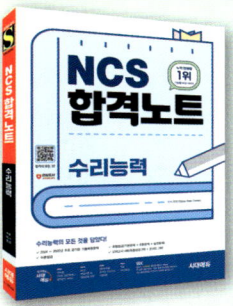

2026
전면개정판

사이다 기출응용 모의고사 시리즈

사이다

사일 동안 이것만 풀면 다 합격!

판매량 1위
코레일네트웍스 YES24

코레일네트웍스 NCS + 전공 8회분 | 정답 및 해설

모바일 OMR 답안채점 / 성적분석 서비스
—
NCS 핵심이론 및 대표유형 PDF
—
[합격시대] 온라인 모의고사 무료쿠폰
—
무료 NCS 특강

SDC SDC는 시대에듀 데이터 센터의 약자로 약 30만 개의 NCS · 적성 문제 데이터를 바탕으로 최신 출제경향을 반영하여 문제를 출제합니다.

편저 | SDC(Sidae Data Center)

시대에듀

기출응용 모의고사
정답 및 해설

1일 차 기출응용 모의고사 정답 및 해설

제1회

01	02	03	04	05	06	07	08	09	10
①	④	①	⑤	④	③	③	⑤	③	②
11	12	13	14	15	16	17	18	19	20
④	③	②	③	④	②	①	①	①	③
21	22	23	24	25					
②	⑤	⑤	①	②					

01
정답 ①

• 떠올리다 : 기억을 되살려 내거나 잘 구상되지 않던 생각을 나게 하다.
• 회상하다 : 지난 일을 돌이켜 생각하다.

오답분석
② 연상하다 : 하나의 관념이 다른 관념을 불러일으키다.
③ 상상하다 : 실제로 경험하지 않은 현상이나 사물에 대하여 마음속으로 그려 보다.
④ 남고하다 : 고적(古跡)을 찾아보고 당시의 일을 회상하다.
⑤ 예상하다 : 어떤 일을 직접 당하기 전에 미리 생각하여 두다.

02
정답 ④

A씨의 아내는 A씨가 자신의 이야기에 공감해주길 바랐지만, A씨는 아내의 이야기를 들어주기보다는 해결책을 찾아 아내의 문제에 대해 조언하려고만 하였다. 즉, 아내는 마음을 털어놓고 남편에게 위로받고 싶었지만, A씨의 조언하려는 태도 때문에 더 이상 대화가 이어질 수 없었다.

오답분석
① 짐작하기 : 상대방의 말을 듣고 받아들이기보다 자신의 생각에 들어맞는 단서들을 찾아 자신의 생각을 확인하는 것이다.
② 걸러내기 : 상대의 말을 듣기는 하지만 상대방의 메시지를 온전하게 듣는 것이 아닌 경우이다.
③ 판단하기 : 상대방에 대한 부정적인 판단 때문에, 또는 상대방을 비판하기 위하여 상대방의 말을 듣지 않는 것이다.
⑤ 옳아야만 하기 : 자존심이 강한 사람은 자존심에 관한 것을 전부 막아버리려 하기 때문에 자신의 부족한 점에 대한 상대방의 말을 들을 수 없게 된다.

03
정답 ①

제시문은 사회보장제도가 무엇인지 정의하고 있으므로 글의 제목으로 가장 적절한 것은 '사회보장제도의 의의'이다.

오답분석
② 우리나라만의 사회보장에 대한 설명은 아니므로 적절하지 않다.
③ 대상자를 언급하고 있지만 제시문 내용의 일부이므로 글의 전체적인 제목으로는 적절하지 않다.
④ 소득보장에 대해서는 언급하고 있지 않다.
⑤ 사회보험과 민간보험의 차이점을 언급하고 있지만 제시문 내용의 일부이므로 글의 전체적인 제목으로는 적절하지 않다.

04
정답 ⑤

제시문은 각 코스의 특징을 설명하면서 코스 주행 시 습득할 수 있는 운전 요령을 언급하고 있다.

05
정답 ④

제시문은 (라) A사와 '차세대 CO_2 분리막 상용화 개발' 협약을 체결한 K공사 – (다) 분리막 생산 공장 – (가) K공사가 개발하고 있는 분리막 기술 – (나) 분리막 기술의 장점과 전망의 순서로 나열해야 한다.

06
정답 ③

아이젠하워는 뛰어난 리더십으로 2차 세계대전을 승리로 이끌었고, 이후 미국의 34대 대통령에 당선되었다. 아이젠하워가 말하는 '리더십'이란 성실하고 고결한 성품 그 자체로, 그는 '리더십'이란 잘못된 것에 대한 책임은 '자신'이 지고, 잘된 것에 대한 모든 공로는 '부하'에게 돌릴 줄 아는 것이라고 이야기했다.

오답분석
• 멤버십 : 조직의 구성원으로서의 자격과 지위를 갖는 것

07

B사원의 업무방식은 그의 성격으로 나타나는 것이며, B사원의 잘 못이 아님을 알 수 있다. 따라서 A대리는 업무방식에 대해 서로 다른 부분을 인정하는 상호 인정에 대한 역량이 필요하다고 볼 수 있다.

08
정답 ⑤

화가 난 고객을 응대하는 데 있어서는 먼저 고객을 안정시키는 것이 최우선이며, 이후에 고객이 이해할 수 있는 수준의 대응을 제시한다.

09
정답 ③

A씨는 두 딸이 오렌지를 왜 원하는지에 대한 갈등 원인을 확인하지 못해 협상에 실패한 것으로 볼 수 있다. 따라서 협상하기 전에는 반드시 이해당사자들이 가지는 갈등 원인을 파악해야 한다.

10
정답 ②

조직의 의사결정과정이 창의성을 발휘할 수 있는 분위기에서 진행된다면, 적절한 수준의 내부적 갈등이 순기능을 할 가능성이 높다.

11
정답 ④

브레인스토밍(Brainstorming)
- 한 사람이 생각하는 것보다 다수가 생각하는 것이 아이디어가 많다.
- 아이디어 수가 많을수록 질적으로 우수한 아이디어가 나올 수 있다.
- 아이디어는 비판이 가해지지 않으면 많아진다.

오답분석
① 스캠퍼(Scamper) 기법 : 창의적 사고를 유도하여 신제품이나 서비스 등을 생각하는 발상 도구
② TRIZ(Teoriya Resheniya Izobretatelskikh Zadatch) : 문제에 대하여 이상적인 결과를 정하고, 그 결과를 얻는 데 모순이 되는 것을 찾아 모순을 극복할 수 있는 해결안을 찾는 40가지 방법에 대한 이론
③ Logic Tree 기법 : 문제의 원인을 깊이 파고들거나 해결책을 구체화할 때 제한된 시간 안에 넓이와 깊이를 추구하는 데 도움이 되는 기술로, 주요 과제를 나무 모양으로 분해하여 정리하는 기술
⑤ 여섯 가지 색깔 모자(Six Thinking Hats) : 각각 중립적, 감정적, 부정적, 낙관적, 창의적, 이성적 사고를 뜻하는 여섯 가지 색의 모자를 차례대로 바꾸어 쓰면서 모자 색깔이 뜻하는 유형대로 생각해 보는 방법

12
정답 ③

갑은 자신과 상관없이 이루어지는 사건을 자신과 연결시켜 생각하는 개인화의 오류를 범하고 있다.

오답분석
① 독심술적 사고에 대한 설명이다.
② 예언자적 사고에 대한 설명이다.
④ 과잉 일반화에 대한 설명이다.
⑤ 정신적 여과에 대한 설명이다.

13
정답 ②

무지에 호소하는 오류는 어떤 주장에 대해 증명할 수 없거나 결코 알 수 없음을 들어 거짓이라고 반박하는 오류이다. 따라서 귀신이 없다는 것을 증명할 수 없으니 귀신이 있다는 주장은 무지에 호소하는 오류이다.

오답분석
① 인신공격의 오류 : 주장을 제시한 자의 비일관성이나 도덕성의 문제를 이유로 제시된 주장을 잘못이라고 판단하는 오류
③ 거짓 딜레마의 오류 : 어떠한 문제 상황에서 제3의 선택지가 있음에도 두 가지 선택지가 있는 것처럼 상대에게 둘 중 하나를 강요하는 오류
④ 대중에 호소하는 오류 : 많은 사람이 그렇게 행동하거나 생각한다는 것을 내세워 군중심리를 자극하는 오류
⑤ 성급한 일반화의 오류 : 제한된 정보, 부적합한 증거, 대표성을 결여한 사례를 근거로 일반화하는 오류

14
정답 ③

분석적 사고
- 성과 지향의 문제 : 기대하는 결과를 명시하고 효과적으로 달성하는 방법을 사전에 구상하고 실행에 옮긴다.
- 가설 지향의 문제 : 현상 및 원인분석 전에 지식과 경험을 바탕으로 일의 과정이나 결과, 결론을 가정한 다음 검증 후 사실일 경우 다음 단계의 일을 수행한다.
- 사실 지향의 문제 : 일상 업무에서 일어나는 상식, 편견을 타파하여 사고와 행동을 객관적 사실로부터 시작한다.

15
정답 ④

'물을 녹색으로 만드는 조류'를 p, '냄새 물질을 배출'을 q, '독소 물질을 배출'을 r, '물을 황색으로 만드는 조류'를 s라고 하면 $p \rightarrow q$, $r \rightarrow \sim q$, $s \rightarrow \sim p$이 성립한다. 첫 번째 명제의 대우인 $\sim q \rightarrow \sim p$가 성립함에 따라 $r \rightarrow \sim q \rightarrow \sim p$가 성립한다. 따라서 '독소 물질을 배출하는 조류는 물을 녹색으로 만들지 않는다.'는 반드시 참이다.

16
정답 ②

저장매체에 저장된 자료는 시간이 지나도 언제든지 동일한 형태로 재생이 가능하므로 정적정보에 해당한다.

오답분석
① 정보는 원래 형태 그대로 활용하거나, 분석, 정리 등 가공하여 활용할 수 있다.
③ 정보를 가공하는 것뿐 아니라 일정한 형태로 재표현하는 것도 가능하다.
④ 동적정보의 특징은 입수 후 처리한 경우에는 폐기하여도 된다는 것이다. 오히려 시간의 경과에 따라 시의성이 점점 떨어지는 동적정보를 축적하는 것은 비효율적이다.
⑤ 시의성이 사라지면 정보의 가치가 떨어지는 동적정보와 달리 정적정보의 경우, 이용 후에도 장래에 활용을 하기 위해 정리하여 보존하는 것이 좋다.

17
정답 ①

㉠에 들어갈 내용으로 옳은 것은 '여러 개의 연관된 파일'이며, ㉡에 들어갈 내용으로 옳은 것은 '한 번에 한 개의 파일'이다.

18
정답 ①

World Wide Web(WWW)에 대한 설명으로, 웹은 3차 산업혁명에 큰 영향을 미쳤다.

오답분석
② 클라우드 컴퓨팅에 대한 설명이다.
③ 스마트팜에 대한 설명이다.
④ 사물인터넷에 대한 설명이다.
⑤ 3D프린팅에 대한 설명이다.

19
정답 ①

세탁기 신상품의 컨셉이 중년층을 대상으로 하기 때문에 성별이 아닌 연령에 따라 자료를 분류하여 중년층의 세탁기 선호 디자인에 대한 정보가 필요함을 알 수 있다.

20
정답 ③

정보화 사회의 심화로 정보의 중요성이 높아지면, 그 필요성에 따라 정보에 대한 요구가 폭증한다. 또한 방대한 지식을 토대로 정보 생산 속도도 증가하므로 더 많은 정보가 생성된다. 따라서 이러한 정보들을 토대로 사회의 발전 속도는 더욱 증가하므로 정보의 변화 속도도 증가한다.

오답분석
① 개인 생활을 비롯하여 정치, 경제, 문화, 교육, 스포츠 등 거의 모든 분야의 사회생활에서 정보에 의존하는 경향이 점점 더 커지기 때문에 정보화 사회는 정보의 사회적 중요성이 가장 많이 요구된다.
② 정보화의 심화로 인해 정보 독점성이 더욱 중요한 이슈가 되어 국가 간 갈등이 발생할 수 있지만, 이보다는 실물 상품뿐만 아니라 노동, 자본, 기술 등의 생산 요소와 교육과 같은 서비스의 국제 교류가 활발해서 세계화가 진전된다.
④ 정보관리주체들이 존재하지만, 정보이동 경로가 다양화되는 만큼 개인들에게는 개인정보 보안, 효율적 정보 활용 등을 위해 정보관리의 필요성이 더욱 커진다.
⑤ 정보화 사회는 지식정보와 관련된 산업이 부가가치를 높일 수 있는 산업으로 각광받으나, 그렇다고 해서 물질이나 에너지 산업의 부가가치 생산성이 저하되지 않는다. 오히려 풍부한 정보와 지식을 토대로 다른 산업의 생산성이 증대될 수 있다.

21
정답 ②

K사는 기존에 수행하지 않던 해외 판매 업무가 추가될 것이므로 그에 따른 해외영업팀 등의 신설 조직이 필요하다. 해외에 공장 등의 조직을 보유하게 됨으로써 이를 관리하는 해외관리 조직이 필요할 것이며, 물품의 수출에 따른 통관 업무를 담당하는 통관물류팀, 외화 대금 수취 및 해외 조직으로부터의 자금 이동 관련 업무를 담당할 외환업무팀, 국제 거래상 발생하게 될 해외 거래 계약 실무를 담당할 국제법무 조직 등이 필요하게 된다. 기업회계팀은 K사의 해외 사업과 상관없이 기존 회계를 담당하는 조직이라고 볼 수 있다.

22
정답 ⑤

전략 목표를 먼저 설정하고 환경을 분석해야 한다.

23
정답 ⑤

지수는 비영리조직이면서 대규모조직인 학교에서 5시간 있었다.
• 학교 : 공식조직, 비영리조직, 대규모조직
• 카페 : 공식조직, 영리조직, 대규모조직
• 스터디 : 비공식조직, 비영리조직, 소규모조직

24

정답 ①

ㄱ. 조직의 업무는 원칙적으로 업무분장에 따라 이루어져야 하지만, 실제 수행 시에는 상황에 따라 효율성을 극대화시키기 위해 변화를 주는 것이 바람직하다.

ㄴ. 구성원 개인이 조직 내에서 책임을 수행하고 권한을 행사할 때 기반이 되는 것은 근속연수가 아니라 직위이다.

오답분석

ㄷ. 업무는 관련성, 동일성, 유사성, 수행시간대 등 다양한 기준에 따라 통합하여 수행하는 것이 효율적이다.

ㄹ. 직위는 조직의 각 구성원에게 수행해야 할 일정 업무가 할당되고, 그 업무를 수행하는 데 필요한 권한과 책임이 부여된 조직상의 위치이다.

25

정답 ②

경영 활동을 구성하는 요소는 경영 목적, 인적자원, 자금, 경영 전략이다. ②와 같이 봉사활동을 수행하는 일은 목적과 인력, 자금 등이 필요한 일이지만, 정해진 목표를 달성하기 위한 조직의 관리, 전략, 운영 활동이라고 볼 수 없으므로 경영 활동이 아니다.

제2회

01	02	03	04	05	06	07	08	09	10
③	⑤	②	④	②	①	①	④	③	⑤
11	12	13	14	15	16	17	18	19	20
④	②	④	⑤	②	②	⑤	④	①	⑤
21	22	23	24	25					
③	③	⑤	①	②					

01

정답 ③

제시문에서는 테레민이라는 악기의 작동 원리를 두 가지로 나누어 소개하고 있다. 첫 번째는 오른손을 이용해 수직 안테나와의 거리에 따라 음고를 조절하는 것이며, 두 번째는 왼손을 이용해 수평 안테나와의 거리에 따라 음량을 조절하는 것이다. 그런데 마지막 문단에서는 첫 번째 원리에 해당하는 내용이 언급되어 있을 뿐이어서 제시문만으로는 두 번째 원리에 대한 내용을 알 수 없는 상태이다. 따라서 추가로 '수평 안테나와 왼손 사이의 거리에 따라 음량이 조절되는 원리'가 이어지는 것이 적절하다.

02

정답 ⑤

빈칸의 전후 문장을 통해 내용을 파악해야 한다. 우선 '그러나'라는 접속어를 통해 빈칸에는 앞의 내용에 상반되는 내용이 오는 것임을 알 수 있다. 따라서 수천 가지의 힐링 상품이나 고가의 상품들을 참고하는 것과는 상반된 내용을 찾으면 된다. 또한, 빈칸 뒤의 내용이 주위에서 쉽게 할 수 있는 힐링 방법을 통해 자신감을 얻는 것부터 출발해야 한다는 내용이므로, 빈칸에는 많은 돈을 들이지 않고도 쉽게 할 수 있는 일부터 찾아야 한다는 내용이 담긴 문장이 오는 것이 적절하다.

03

정답 ②

㉠ 뒤의 문장에서는 ㉠ 앞 문장의 음료를 잔에 따르는 과정에서 바로 공기 중으로 날아가는 일반 탄산음료의 탄산가스와 달리 맥주의 탄산가스는 바로 날아가지 않는다고 이야기하므로 ㉠에는 역접의 접속어인 '그러나'가 들어가야 한다. 다음으로 ㉡ 뒤의 문장의 '~ 때문이다.'를 통해 ㉡에는 이와 호응하는 '왜냐하면'이 들어가야 한다. 마지막으로 ㉢ 뒤의 문장에서는 앞에서 언급한 맥주 거품의 역할에 대해 추가로 이야기하므로 ㉢에는 '또한'이 들어가야 한다.

04

정답 ④

제시문은 금융권, 의료업계, 국세청 등 다양한 영역에서 빅데이터가 활용되고 있는 사례들을 열거하고 있다. 따라서 글의 주제로 가장 적절한 것은 '빅데이터의 다양한 활용 방안'이다.

05

김과장은 직원들에 대한 높은 관심으로 간섭하려는 경향이 있고, 남에게 자신의 업적을 이야기하며 인정받으려 하는 욕구가 강하다. 따라서 김과장은 타인에 대한 높은 관심과 간섭을 자제하고, 지나친 인정욕구에 대한 태도를 성찰할 필요성이 있다.

오답분석

① 직원들이 김과장의 지나친 관심으로 힘들어하고 있는 상황이므로 적절하지 않은 조언 내용이다.
③ 인정이 많다거나 직원들의 요구를 거절하지 못한다는 내용은 언급되어 있지 않다.
④ 김과장이 독단적으로 결정했다는 내용은 언급되어 있지 않다.
⑤ 직원들에게 지나친 관심을 보이는 김과장에게는 적절하지 않은 조언 내용이다.

06

효과적인 팀의 특징
• 팀의 사명과 목표를 명확하게 기술한다.
• 창조적으로 운영된다.
• 결과에 초점을 맞춘다.
• 역할과 책임을 명료화시킨다.
• 조직화가 잘 되어 있다.
• 개인의 강점을 활용한다.
• 리더십 역량을 공유하며 구성원 상호 간에 지원을 아끼지 않는다.
• 팀 풍토를 발전시킨다.
• 의견의 불일치를 건설적으로 해결한다.
• 개방적으로 의사소통한다.
• 객관적인 결정을 내린다.
• 팀 자체의 효과성을 평가한다.

07

B사원은 A대리가 느끼는 부담감을 알지 못하거나 인지하고는 있지만 어떻게 해야 할지 모르는 상황일 수도 있다. 이럴 때는 서로 마음을 터놓고 이야기하며 함께 해결하고자 하는 태도를 가져야 한다.

08

ㄴ. Win - Lose전략은 강압전략으로, 상호 간에 신뢰가 없고 협상력의 우위에 있을 때 효과적인 전략이다.
ㄹ. 협력전략의 한 형태에 해당한다.

오답분석

ㄱ. 회피전략을 취하는 경우, 회피전략을 통한 압박에 실패하면 상대방도 협상에서 철수할 수 있다. 이러한 경우에 다른 방안이 필요하므로 회피전략을 위해서는 반드시 다른 대안이 있어야 한다.

ㄷ. 유화전략은 협상의 결과로 인한 이득보다 상대방과의 우호적 관계를 통해 협력관계를 이어가는 것을 중시하는 전략으로, 결과보다는 상대방과의 인간관계 유지를 선호하는 경우, 상대방과의 충돌을 피하고자 하는 경우, 자신의 이익보다는 상대방의 이익을 고려해야 하는 경우 등에 사용된다.

09

리더는 조직 구성원들 중 한 명일 뿐이라는 점에서 파트너십 유형임을 알 수 있다. 독재자 유형과 민주주의에 근접한 유형은 리더와 집단 구성원 사이에 명확한 구분이 있으나, 파트너십 유형에서는 그러한 구분이 희미하고, 리더가 조직에서 한 구성원이 되기도 하는 것을 볼 수 있다.

오답분석

① 독재자 유형 : 독재자에 해당하는 리더가 집단의 규칙 하에 지배자로 군림하며, 팀원들이 자신의 권위에 대한 도전이나 반항 없이 순응하도록 요구하고, 개개인들에게 주어진 업무만을 묵묵히 수행할 것을 기대한다.
② 변혁적 유형 : 변혁적 리더를 통해 개개인과 팀이 유지해 온 업무수행 상태를 뛰어넘으려 한다. 변혁적 리더는 특정한 카리스마를 통해 조직에 명확한 비전을 제시하고, 그 비전을 향해 자극을 주고 도움을 주는 일을 수행한다.
④ 자유방임적 유형 : 리더가 조직의 의사결정과정을 이끌지 않고 조직 구성원들에게 의사결정 권한을 위임해 버리는 리더십 유형이다. 자유로운 회의를 통해 다양한 의견을 제시할 수 있으나, 리더의 지시나 명령이 영향력을 발휘하지 못하고 구성원의 역량이 낮을 때 의사결정을 내리기 어려운 단점이다.
⑤ 민주주의에 근접한 유형 : 리더는 팀원들이 동등하다는 것을 확신시키고 경쟁과 토론, 새로운 방향의 설정에 팀원들을 참여시킨다. 비록 민주주의적이긴 하지만 최종 결정권은 리더에게 있는 것이 특징이다.

10

고객이 요청한 업무를 처리함에 있어 수수료 발생 등과 같이 고객이 반드시 알아야 하는 사항은 업무를 처리하기 전에 고객에게 확인을 받고 진행하는 것이 적절하다.

11

오답분석

① 행동을 하기 전에 생각을 먼저 하게 한다.
② 주위를 설득하는 일이 훨씬 쉬워진다.
③ 다른 사람을 공감시켜 움직일 수 있게 한다.
⑤ 직장생활 중에서 지속적으로 요구되는 능력이다.

12

정답 ②

퍼실리테이션은 커뮤니케이션을 통한 문제해결 방법으로, 구성원의 동기 강화, 팀워크 향상 등을 이룰 수 있다. 이는 구성원이 자율적으로 실행하는 것으로 제3자가 합의점이나 줄거리를 준비해놓고 예정대로 결론을 도출하는 것이 아니다.

13

정답 ④

제시문의 환자는 상대방의 잘못을 들추어 서로 낫고 못함이 없다고 주장하여 자신의 잘못을 정당화하는 피장파장의 오류를 범하고 있으며, 이와 동일한 오류를 보이는 것은 ④이다.

오답분석
① 사적 관계에 호소하는 오류
② 성급한 일반화의 오류
③ 부적절한 권위에 호소하는 오류
⑤ 무지에 호소하는 오류

14

정답 ⑤

창의적 사고는 선천적으로 타고날 수도 있지만, 후천적 노력에 의해 개발이 가능하기 때문에 적절하지 않은 조언이다.

오답분석
① 새로운 경험을 찾아 나서는 사람은 적극적이고 모험심과 호기심 등을 가진 사람으로, 창의력 교육훈련에 필요한 요소를 가지고 있는 사람이다.
② 창의적인 사고는 창의력 교육훈련을 통해 후천적 노력에 의해서도 개발이 가능하다.
③ 창의력은 본인 스스로 자신의 틀에서 벗어나도록 노력하는 것으로, 통상적인 사고가 아니라 기발하고 독창적인 것을 말한다.
④ 창의적 사고는 전문지식보다 자신의 경험 및 기존의 정보를 특정한 요구 조건에 맞추거나 유용하도록 새롭게 조합시킨 것이다.

15

정답 ②

경쟁자의 시장 철수로 인한 시장으로의 진입 가능성은 K공사가 가지고 있는 내부환경의 약점이 아닌 외부환경에서 비롯되는 기회에 해당한다.

16

정답 ②

반복적인 작업을 간단히 실행키에 기억시켜 두고 필요할 때 빠르게 바꾸어 사용하는 기능은 매크로이며, 같은 내용의 편지나 안내문 등을 여러 사람에게 보낼 때 쓰이는 기능은 메일 머지이다.

17

정답 ⑤

정보의 공개성이 높을수록 경쟁성은 떨어지나 정보의 활용 측면에서는 경제성이 높다. 따라서 비공개 정보는 반공개 정보에 비해 정보 활용상 경제성이 더 낮다.

오답분석
① 정보의 핵심적 특성은 적시성으로, 정보는 우리가 원하는 시간에 제공되어야 하며, 적시성을 잃으면 가치가 떨어진다.
② 비공개 정보는 반공개 정보에 비해, 반공개 정보는 공개 정보에 비해 더 높은 경쟁성을 가진다.
③ 정보는 일반적으로 공개된 이후 가치가 급락하므로 가치 있는 정보는 독점성이 특징이다.
④ 비공개 정보의 경쟁성과 공개 정보의 정보 활용 측면의 경제성을 고려하여 양자 중 택일하는 것이 아니라, 필요에 따라 적절하게 구성해야 한다.

18

정답 ④

1차 자료는 원래의 연구 성과가 기록된 자료로서 단행본, 학술지와 학술지 논문, 학술회의자료, 연구보고서, 학위논문, 특허정보, 표준 및 규격자료, 레터, 출판 전 배포자료, 신문, 잡지, 웹 정보자원 등이 해당한다. 2차 자료는 이러한 1차 자료를 압축하여 정리한 것으로서 사전, 백과사전, 편람, 연감, 서지데이터베이스 등이 해당된다.
여기서 연감이란 어떤 분야에 대해 한 해 동안 일어난 경과 · 사건 · 통계 등을 수록하여 일 년에 한 번씩 간행하는 정기간행물을 뜻하므로, 정기간행물은 1차 자료에 해당하지 않는다.

19

정답 ①

전략정보 시스템은 기업의 전략을 실현하여 경쟁우위를 확보하기 위한 목적으로 사용되는 정보시스템으로, 기업의 궁극적 목표인 이익에 직접 영향을 줄 수 있는 시장점유율 향상, 매출신장, 신상품 전략, 경영 전략 등의 전략계획에 도움을 준다.

오답분석
② 전사적 자원관리 : 인사 · 재무 · 생산 등 기업의 전 부문에 걸쳐 독립적으로 운영되던 각종 관리시스템의 경영자원을 하나의 통합시스템으로 재구축함으로써 생산성을 극대화하려는 경영혁신기법
③ 의사결정지원 시스템 : 컴퓨터의 데이터베이스 기능과 모델 시뮬레이션 기능을 이용하여 경영의 의사결정을 지원하는 시스템
④ 경영정보 시스템 : 기업 경영정보를 총괄하는 시스템으로, 의사결정 등을 지원하는 종합시스템
⑤ 비즈니스 프로세스 관리 : 기업 내외의 비즈니스 프로세스를 드러나게 하고, 비즈니스의 수행과 관련된 사람 및 시스템을 프로세스에 맞게 실행 · 통제하며, 비즈니스 프로세스를 효율적으로 관리하고 최적화할 수 있는 변화 관리 및 시스템 구현 기법

20
정답 ⑤

제시문은 '응용프로그램과 데이터베이스를 독립시킴으로써 데이터를 변경시키더라도 응용프로그램은 변경되지 않는다.'고 하였다. 따라서 데이터 논리적 의존성이 아닌, 데이터 논리적 독립성이 데이터베이스의 특징으로 적절하다.

오답분석

① 제시문의 '여러 명의 사용자가 동시에 공유가 가능'이 동시 공유에 해당한다.
② 제시문의 '다량의 데이터는 사용자의 질의에 대한 신속한 응답 처리를 가능'이 실시간 접근성에 해당한다.
③ 제시문의 '삽입, 삭제, 수정, 갱신 등을 통하여 항상 최신의 데이터를 유동적으로 유지'가 데이터베이스는 그 내용을 변화시키는 계속적인 진화에 해당한다.
④ 제시문의 '각 데이터를 참조할 때는 사용자가 요구하는 내용에 따라 참조가 가능'이 내용에 의한 참조에 해당한다.

21
정답 ③

오답분석

ㄱ·ㄷ. 유기적 조직에 대한 설명이다.

- **기계적 조직**
  - 구성원의 업무가 분명하게 규정되어 있고, 많은 규칙과 규제가 있다.
  - 상하 간 의사소통이 공식적인 경로를 통해 이루어진다.
  - 대표적으로 군대, 정부, 공공기관 등이 있다.
- **유기적 조직**
  - 업무가 고전되지 않아 업무 공유가 가능하다.
  - 규제나 통제의 정도가 낮아 변화에 맞춰 쉽게 변할 수 있다.
  - 대표적으로 권한위임을 받아 독자적으로 활동하는 사내 벤처팀, 특정한 과제 수행을 위해 조직된 프로젝트팀이 있다.

22
정답 ③

ㄱ. 최수영 상무이사가 결재한 것은 대결이다. 대결은 결재권자가 출장, 휴가, 기타 사유로 상당 기간 부재중일 때 긴급한 문서를 처리하고자 할 경우에 결재권자의 차하위 직위의 결재를 받아 시행하는 것을 말한다.
ㄴ. 대결 시에는 기안문의 결재란 중 대결한 자의 란에 '대결'을 표시하고 서명 또는 날인한다.

담당	과장	부장	상무이사	전무이사
○○○	최경옥	김석호	대결 최수영	전결

23
정답 ⑤

조직구조는 조직 내의 부문 사이에 형성된 관계로 조직목표를 달성하기 위한 조직구성원들의 상호작용을 보여 준다. 조직구조는 의사결정권의 집중정도, 명령계통, 최고경영자의 통제, 규칙과 규제의 정도에 따라 달라지며, 구성원들의 업무나 권한이 분명하게 정의된 기계적 조직과 의사결정권이 하부구성원들에게 많이 위임되고 업무가 고정적이지 않은 유기적 조직으로 구분할 수 있다.

24
정답 ①

A사원이 처리해야 할 업무를 시간 순서대로 나열해 보면 '회의실 예약 – PPT 작성 – 메일 전송 – 수정사항 반영 – B주임에게 조언 구하기 – 브로슈어에 최종본 입력 – D대리에게 파일 전달 – 인쇄소 방문'이다.

25
정답 ②

②는 업무의 내용이 유사하고 관련성이 있는 업무들을 결합해서 구분한 것으로, 기능식 조직 구조의 형태로 볼 수 있다.

2일 차 기출응용 모의고사 정답 및 해설

제 1 회

01	02	03	04	05	06	07	08	09	10
③	④	④	③	③	①	⑤	⑤	③	⑤
11	12	13	14	15	16	17	18	19	20
④	③	②	④	①	⑤	①	②	①	⑤
21	22	23	24	25					
⑤	②	①	①	③					

01
정답 ③

• 간헐적(間歇的) : 얼마 동안의 시간 간격을 두고 되풀이하여 일어나는
• 이따금 : 얼마쯤씩 있다가 가끔

오답분석
① 흔히 : 보통보다 더 자주 있거나 일어나서 쉽게 접할 수 있게
② 자못 : 생각보다 매우
④ 빈번히 : 번거로울 정도로 도수(度數)가 잦게
⑤ 근근이 : 어렵사리 겨우

02
정답 ④

제시문은 근대문학 형성의 주역들이 시민이었다고 주장하고 있다. 따라서 글의 주제로 ④가 가장 적절하다.

03
정답 ④

쉼의 활용
• 이야기가 전이(轉移)될 때
• 양해, 동조, 반문의 경우
• 생략, 암시, 반성의 경우
• 여운을 남길 때

04
정답 ③

밑줄 친 '일부 과학자들'은 목재를 친환경 연료로 바라보지 않고 있으며, 마지막 문장에서 이들은 배출량을 줄이는 것이 아니라 배출하지 않는 방법을 택해야 한다고 말한다. 따라서 그들의 주장으로는 ③이 가장 적절하다.

05
정답 ③

접속어나 앞 문장의 단서가 제시되지 않은 (다)가 가장 처음에 와야 한다. (라)의 '이런 환경'은 (다)에 제시된 내용을 말하고, (가)의 '하지만'은 서로 반대되는 내용을 서술한 (라)와 (가)를 이어준다. 그리고 (나)의 '이러한 문제'는 (가)에서 제시된 상황을 받고 있다. 따라서 (다) - (라) - (가) - (나)의 순으로 나열되어야 한다.

06
정답 ①

지식과 노력의 차원에서 볼 때, 협상은 우리가 필요한 것을 소유한 사람으로부터 원하는 것을 쟁탈하기 위한 과정이 아니라, 호의를 얻어내기 위한 방법에 대한 지식이며 노력이다.

07
정답 ⑤

사람들이 집단에 머물고, 계속 남아 있기를 원하게 만드는 힘은 응집력이다. 팀워크는 단순히 사람들이 모여 있는 것이 아니라 목표달성의 의지를 가지고 성과를 내는 것이다.

> **팀워크와 응집력**
> • 팀워크 : 팀 구성원이 공동의 목적을 달성하기 위해 상호관계성을 가지고 서로 협력하여 일을 해나가는 것
> • 응집력 : 사람들로 하여금 집단에 머물도록 만들고, 그 집단의 멤버로서 계속 남아 있기를 원하게 만드는 힘

08

정답 ⑤

서비스업에 종사하다 보면 난처한 요구를 하는 고객을 종종 만나기 마련이다. 특히 판매 가격이 정해져 있는 프랜차이즈 매장에서 '가격을 조금만 깎아달라'는 고객의 요구는 매우 난감하다. 하지만 이러한 고객의 요구를 모두 들어주다 보면 더욱 곤란한 상황이 발생할 수 있다. 따라서 왜 가격을 깎아줄 수 없는지 친절하게 설명하면서 불쾌하지 않도록 고객을 설득할 필요가 있다.

09

정답 ③

직장생활은 일이기 때문에 업무능력이 더 중요하다. 업무능력이 떨어지면 인간관계를 잘하는 것은 큰 의미가 없다. 직장생활에서 업무능력이 좋으면, 인간관계에서도 큰 영향을 미친다.

10

정답 ⑤

3단계는 상대방의 입장을 파악하는 단계이다. 자기 생각을 말한 뒤 A씨의 견해를 물으며 상대방의 입장을 파악하려는 ⑤가 3단계에 해당하는 대화로 가장 적절하다.

11

정답 ④

서로 같은 범주에 속하는 것을 다른 범주의 것으로 혼동하는 데에서 생기는 범주의 오류에 해당한다.

오답분석

ㄱ. 애매어의 오류 : 두 가지 이상의 의미를 가진 말을 동일한 의미의 말인 것처럼 애매하게 사용함으로써 생기는 오류
ㄷ. 자가당착의 오류 : 앞뒤의 주장이나 전제와 결론 사이에 모순이 발생함으로써 일관된 논점을 갖지 못하는 오류

12

정답 ③

원가 절감을 위해 해외에 공장을 설립하여 가격 경쟁력을 확보하는 것은 약점을 보완하여 위협을 회피하는 WT전략이다.

오답분석

①・② SO전략은 강점을 활용하여 외부환경의 기회를 포착하는 전략이므로 적절하다.
④ WO전략은 약점을 보완하여 외부환경의 기회를 포착하는 전략이므로 적절하다.
⑤ WT전략은 약점을 보완하여 외부환경의 위협을 회피하는 전략이므로 적절하다.

13

정답 ②

브레인스토밍은 대표적인 자유연상법으로, 생각나는 대로 자유롭게 발상하는 방법이다.

오답분석

① NM법은 비교발상법이다.
③ 비교발상법에는 NM법, Synectics법 등이 있다. 체크리스트는 강제연상법이다.
④ 각종 힌트에 강제적으로 연결 지어서 발상하는 강제연상법에는 체크리스트 등이 있다.
⑤ 브레인스토밍은 구성원이 서로의 얼굴을 볼 수 있도록 사각형이나 타원형의 책상을 배치하는 것이 방법이 일반적이다.

14

정답 ④

㉠ 중요성 : 매출 / 이익기여도, 지속성 / 파급성, 고객만족도 향상, 경쟁사와의 차별화 등
㉡ 긴급성 : 달성의 긴급도, 달성에 필요한 시간 등
㉢ 용이성 : 실시상의 난이도, 필요자원의 적정성 등

15

정답 ①

제시된 조건을 정리하면 다음과 같다.

구분	A	B	C	D
경우 1	호밀식빵	우유식빵	밤식빵	옥수수식빵
경우 2	호밀식빵	밤식빵	우유식빵	옥수수식빵

따라서 반드시 참인 것은 ①이다.

오답분석

②・③・④・⑤ 제시된 조건만으로는 판단하기 힘들다.

16

정답 ⑤

정보를 관리하지 않고 그저 머릿속에만 기억해 두는 것은 정보관리의 허술한 사례이다.

오답분석

①・③ 정보전파의 바람직한 사례이다.
②・④ 정보검색의 바람직한 사례이다.

17

정답 ①

정보처리는 기획 – 수집 – 관리 – 활용 순서로 이루어진다.

오답분석

② 다양한 정보원으로부터 합목적적 정보를 수집하는 것이 좋다.
③ 정보윤리가 강조되고 있는 만큼, 합목적성과 합법성을 모두 고려해야 한다.
④ 정보 관리 시 고려요소 3가지는 목적성, 용이성, 유용성이다.
⑤ 전략적 기획은 정보수집의 첫 단계로, 정보처리 과정 전반에 필요한 전략적 계획수립 단계이다.

18

정답 ②

오답분석

① 풀 노드(Full Node) : 블록체인의 모든 내역을 저장하는 노드
③ 슈퍼 노드(Super Node) : 노드 사이에 전압이 있으면, 그 두 개를 묶어서 노달 회로분석을 적용하는 회로
④ 마스터 노드(Master Node) : 일정 지분의 코인을 가지고 해당 코인을 채굴하는 방식을 가지는 노드
⑤ 라이트 노드(Light Node) : 핵심만 저장하는 노드

19

정답 ①

정보관리의 3원칙
• 목적성 : 사용목표가 명확해야 한다.
• 용이성 : 쉽게 작업할 수 있어야 한다.
• 유용성 : 즉시 사용할 수 있어야 한다.

20

정답 ⑤

구체적이고 정확한 정보수집을 위하여 정보수집 대상과 종류 등을 명확하게 지정하여야 한다.

오답분석

① 전략적 기획은 정보수집을 수행하기 이전에 수집할 정보의 내용, 수집방안 등을 결정하는 것을 말한다.
② 정보수집 기한에 대한 계획도 필수적이다.
③ 전략적 기획 단계에서는 정보수집의 비용성과 수집한 정보의 품질을 모두 고려해야 한다.
④ 전략적 기획은 정보수집 계획을 수립하는 과정으로, 정보수집의 원천을 파악하는 과정을 포함하여야 한다.

21

정답 ⑤

목표의 층위·내용 등에 따라 우선순위가 있을 수는 있지만, 하나씩 순차적으로 처리해야 하는 것은 아니다. 즉, 조직의 목표는 동시에 여러 개가 추구될 수 있다.

22

정답 ②

조직 목표의 특징
• 공식적 목표와 실제적 목표가 다를 수 있다.
  – 조직 목표는 조직이 존재하는 이유와 관련된 조직의 사명과 사명을 달성하기 위한 세부목표를 가지고 있다. 조직의 사명은 조직의 비전, 가치와 신념, 조직의 존재이유 등을 공식적인 목표로 표현한 것이다. 반면에 세부목표는 조직이 실제적인 활동을 통해 달성하고자 하는 것으로, 사명에 비해 측정 가능한 형태로 기술되는 단기적인 목표이다.

• 다수의 조직 목표를 추구할 수 있다.
• 조직 목표 간에는 위계적 상호관계가 있다.
  – 조직은 다수의 조직 목표를 추구할 수 있으며, 이러한 조직 목표들은 위계적 상호관계가 있기 때문에 서로 상하관계에 있으면서 영향을 주고받는다.
• 가변적 속성을 가진다.
  – 조직 목표는 한번 수립되면 달성될 때까지 지속되는 것이 아니라, 환경이나 조직 내의 다양한 원인들에 의하여 변동되거나 없어지고, 새로운 목표로 대치되기도 한다.
• 조직의 구성요소와 상호관계를 가진다.
  – 조직 목표들은 조직의 구조, 조직의 전략, 조직의 문화 등과 같은 조직체제의 다양한 구성요소들과 상호관계를 가지고 있다.

23

정답 ①

우선 박비서에게 회의 자료를 받아와야 하므로 비서실을 들러야 한다. 다음으로 기자단 간담회는 대회 홍보 및 기자단 상대 업무를 맡은 홍보팀에서 자료를 정리할 것이므로 홍보팀을 거쳐야 한다. 또한, 승진자 인사 발표 소관 업무는 인사팀이 담당한다고 볼 수 있으며, 회사의 차량 배차에 대한 업무는 총무팀과 같은 지원부서의 업무로 보는 것이 적절하다.

24

정답 ①

제시문의 내용을 살펴보면 K전자는 성장성이 높은 LCD 사업 대신에 익숙한 PDP 사업에 더욱 몰입하였으나, 점차 LCD의 경쟁력이 높아짐으로써 PDP가 무용지물이 되었다는 것을 알 수 있다. 따라서 K전자는 LCD 시장으로의 사업전략을 수정할 수 있었지만, 보다 익숙한 PDP 사업을 선택하고 집중함으로써 시장에서 경쟁력을 잃는 결과를 얻게 되었다.

25

정답 ③

간트차트(Gantt Chart)는 1919년 간트(Gantt)가 고안한 작업진도 도표로, 단계별 업무의 시작부터 끝나는 데까지 걸리는 시간을 바(Bar) 형식으로 표시한다. 전체 일정 및 단계별 소요 시간, 각 업무 활동 사이의 관계 등을 한눈에 볼 수 있는 장점이 있다.

오답분석

① 체크리스트(Checklist) : 업무 단계 각각의 수행수준을 스스로 점검할 수 있는 도구
② 플로차트(Flow Chart) : 문제의 범위를 정하여 분석하고, 그 해법을 명확하게 하기 위해서 필요한 작업이나 사무처리 순서를 통일된 기호와 도형을 사용해서 도식적으로 표시한 것
④ 업무계획표(Business Planner) : 업무 진행 계획을 기재한 표 형식의 문서
⑤ 워크플로시트(Work Flow Sheet) : 각 과정을 도형으로 나타내어 일의 흐름을 동적으로 보여주는 도구

제2회

01	02	03	04	05	06	07	08	09	10
④	④	②	②	①	③	⑤	③	③	④
11	12	13	14	15	16	17	18	19	20
③	②	②	⑤	④	①	③	④	⑤	③
21	22	23	24	25					
④	①	①	④	③					

01 정답 ④

• 포상(褒賞)
 1. 칭찬하고 장려하여 상을 줌
 2. 각 분야에서 나라 발전에 뚜렷한 공로가 있는 사람에게 정부가 칭찬하고 장려하여 상을 줌. 또는 그 상

오답분석
① 공훈(功勳) : 나라나 회사를 위하여 두드러지게 세운 공로
② 보훈(報勳) : 공훈에 보답함
③ 공로(功勞) : 일을 마치거나 목적을 이루는 데 들인 노력과 수고. 또는 일을 마치거나 그 목적을 이룬 결과로서의 공적
⑤ 공적(功績) : 노력과 수고를 들여 이루어 낸 일의 결과

02 정답 ④

제시문의 마지막 문단에서 '말이란 결국 생각의 일부분을 주워 담는 작은 그릇'이며, '말을 통하지 않고는 생각을 전달할 수가 없는 것'이라고 하며 말은 생각을 전달하기 위한 수단임을 주장하고 있다.

03 정답 ②

A는 직접적인 대화보다 눈치를 중요시하고 있으므로 '말하지 않아도 아는 문화'에 안주하고 있다. 따라서 A는 의사소통에 대한 '잘못된 선입견'을 가지고 있다.

의사소통을 저해하는 요소
• '일방적으로 말하고', '일방적으로 듣는' 무책임한 마음 → 의사소통 과정에서의 상호작용 부족
• '그래서 하고 싶은 말이 정확히 뭐야?' 분명하지 않은 메시지 → 복잡한 메시지, 경쟁적인 메시지
• '말하지 않아도 아는 문화'에 안주하는 마음 → 의사소통에 대한 잘못된 선입견, 고정관념

04 정답 ②

아이들이 따뜻한 구들에 누워 자는 것이 습관이 되어 사지의 활동량이 적어 발육이 늦어진 것이지, 체온을 높였기 때문에 발육이 늦어진 것은 아니다.

오답분석
① · ③ · ④ · ⑤ 마지막 문단을 통해 알 수 있다.

05 정답 ①

제시문은 아리스토텔레스 목적론의 논쟁에 대해 설명하는 글이다. (가) 근대에 등장한 아리스토텔레스의 목적론에 대한 비판 – (나) 근대 사상가들의 구체적인 비판 – (라) 근대 사상가들의 비판에 대한 반박 – (다) 근대 사상가들의 비판에 대한 현대 학자들의 비판 순서로 나열되는 것이 적절하다.

06 정답 ③

오답분석
ㄴ. 인간관계에서의 커다란 손실은 사소한 것으로부터 비롯되기 때문에 사소한 일에 대한 관심을 두는 것은 매우 중요하다.
ㄹ. 거의 모든 대인관계에서 나타나는 어려움은 역할과 목표에 대한 갈등과 애매한 기대 때문에 발생한다. 신뢰의 예입은 처음부터 기대를 분명히 해야 가능하다.

대인관계능력 향상 방안
• 상대방에 대한 이해심
• 사소한 일에 대한 관심
• 약속의 이행
• 기대의 명확화
• 언행일치
• 진지한 사과

07 정답 ⑤

여섯 번째 단계에 따라 해결 방안을 확인한 후에는 혼자서 해결하는 것이 아니라 책임을 분할함으로써 다 같이 협동하여 실행해야 한다.

오답분석
① 네 번째 단계에 해당하는 내용이다.
② 첫 번째 단계에 해당하는 내용이다.
③ 세 번째 단계에 해당하는 내용이다.
④ 두 번째 단계에 해당하는 내용이다.

08

정답 ③

고객이 제기한 민원이 반복적으로 발생하지 않도록 조치해야 하므로 자신의 개인 업무노트에 기록해 두는 것보다 민원사례를 전 직원에게 공유하여 교육이 될 수 있도록 하는 것이 더 적절하다.

09

정답 ③

'썩은 사과의 법칙'에 따르면, 먼저 A사원에게 문제 상황과 기대하는 바를 분명히 전한 뒤 스스로 변화할 기회를 주어야 한다.

10

정답 ④

스스로 하는 일이 없고, 제 몫의 업무를 제대로 수행하지 못하는 A사원은 수동형에 가깝다고 볼 수 있다.

11

정답 ③

논리적 사고의 요소
- 생각하는 습관
- 상대 논리의 구조화
- 구체적인 생각
- 타인에 대한 이해
- 설득

12

정답 ②

조직의 기능단위 수준에서 현 문제점을 분석하지 않고, 다른 문제와 해결방안을 연결하여 모색하는 전략적 사고를 해야 한다.

13

정답 ②

창의적 사고를 개발하는 방법
- 자유연상법 : 어떤 생각에서 다른 생각을 계속해서 떠올리는 작용을 통해 어떤 주제에서 생각나는 것을 계속해서 열거해 나가는 방법 예 브레인스토밍
- 강제연상법 : 각종 힌트에서 강제적으로 연결지어서 발상하는 방법 예 체크리스트
- 비교발상법 : 주제와 본질적으로 닮은 것을 힌트로 하여 새로운 아이디어를 얻는 방법 예 NM법, Synetics

14

정답 ⑤

전건 부정의 오류에 해당한다.

오답분석

①·②·③·④ 후건 긍정의 오류에 해당한다.
- 전건 부정의 오류 : 전건을 부정하여, 후건을 부정한 것을 결론으로 도출하는 데서 발생하는 오류($p \rightarrow q$에서 $\sim p \rightarrow \sim q$를 도출하는 오류) 예 A는 B이다. 따라서 A가 아니면 B도 아니다.
- 후건 긍정의 오류 : 후건을 긍정하여 전건을 긍정한 것을 결론으로 도출하는 데서 발생하는 오류($p \rightarrow q$에서 $q \rightarrow p$를 도출하는 오류) 예 A는 B이다. 따라서 B이면 A이다.

15

정답 ④

ㄴ. 간편식 점심에 대한 회사원들의 수요가 증가함에 따라 계절 채소를 이용한 샐러드 런치 메뉴를 출시하는 것은 강점을 통해 기회를 포착하는 SO전략에 해당한다.
ㄹ. 경기 침체로 인한 외식 소비가 위축되고 있는 상황에서 주변 회사와의 제휴를 통해 할인 서비스를 제공하는 것은 약점을 보완하여 위협을 회피하는 WT전략에 해당한다.

오답분석

ㄱ. 다양한 연령층을 고려한 메뉴가 강점에 해당하기는 하나, 샐러드 도시락 가게에서 한식 도시락을 출시하는 것은 적절한 전략으로 볼 수 없다.
ㄷ. 홍보 및 마케팅 전략의 부재가 약점에 해당하므로 약점을 보완하기 위해서는 적극적인 홍보 활동을 펼쳐야 한다. 따라서 홍보 방안보다 먼저 품질 향상 방안을 마련하는 것은 적절한 전략으로 볼 수 없다.

16

정답 ①

좋은 자료가 있다고 해서 항상 훌륭한 분석이 되는 것은 아니다. 좋은 자료가 있어도 그것을 평범한 것으로 바꾸는 것만으로는 훌륭한 분석이라고 할 수 없다. 훌륭한 분석이란 하나의 메커니즘을 그려낼 수 있고, 동향, 미래를 예측할 수 있는 것이어야 한다.

17

정답 ③

정보란 자료를 일정한 프로그램에 따라 컴퓨터가 처리·가공함으로써 특정한 목적을 달성하는 데 필요하거나 특정한 의미를 가진 것으로 다시 생산된 것이다. 이는 특정한 상황에 맞도록 평가한 의미 있는 기록이 되기도 하고, 사용하는 사람과 사용하는 시간에 따라 달라질 수도 있다.

오답분석

ㄱ. 정보의 가치는 우리의 요구, 사용 목적, 그것이 활용되는 시기와 장소에 따라서 다르게 평가되기 때문에 상대적이다.
ㄹ. 자료는 평가되지 않은 상태의 숫자나 문자들의 나열을 의미하고, 지식은 어떤 특정의 목적을 달성하기 위해 과학적 또는 이론적으로 추상화되거나 정립되어 있는 일반화된 정보이다.

18

비교적 가까운 거리에 흩어져 있는 컴퓨터들을 서로 연결하여 여러 가지 서비스를 제공하는 네트워크는 근거리 통신망에 해당한다. 근거리 통신망의 작업 결과를 공유하기 위해서는 네트워크상의 작업 그룹명을 동일하게 하여야 한다.

19

정답 ⑤

데이터베이스(DB; Data Base)란 어느 한 조직의 여러 응용 프로그램들이 공유하는 관련 데이터들의 모임이다. 대학 내 서로 관련 있는 데이터들을 하나로 통합하여 데이터베이스로 구축하게 되면 학생 관리 프로그램, 교수 관리 프로그램, 성적 관리 프로그램은 이 데이터베이스를 공유하여 사용하게 된다. 이처럼 데이터베이스는 여러 사람에 의해 사용될 목적으로 통합하여 관리되는 데이터의 집합을 말하며, 자료 항목의 중복을 없애고 자료를 구조화하여 저장함으로써 자료 검색과 갱신의 효율을 높인다.

오답분석

① NFC : 전자태그(RFID)의 하나로, 13.56MHz 주파수 대역을 사용하는 비접촉식 근거리 무선통신 모듈이며, 10cm의 가까운 거리에서 단말기 간 데이터를 전송하는 기술
② RFID : 극소형 칩에 상품정보를 저장하고 안테나를 달아 무선으로 데이터를 송신하는 장치
③ 와이파이 : 무선접속장치(AP; Access Point)가 설치된 곳에서 전파를 이용하여 일정 거리 안에서 무선인터넷을 할 수 있는 근거리 통신망 기술
④ 유비쿼터스 : 사용자가 네트워크나 컴퓨터를 의식하지 않고 장소에 상관없이 자유롭게 네트워크에 접속할 수 있는 정보통신 환경

20

정답 ③

대부상황은 개인정보 중 신용정보로 분류된다.

21

정답 ④

조직 문화는 구성원 개개인의 개성을 인정하고 그 다양성을 강화하기보다는 구성원들의 행동을 통제하는 기능을 한다. 즉, 구성원을 획일화·사회화시킨다.

22

정답 ①

마이클 포터의 본원적 경쟁전략
• 차별화 전략 : 조직이 생산품이나 서비스를 차별화하여 고객에게 가치 있고 독특하게 인식되도록 하는 전략으로, 이를 활용하기 위해서는 연구개발이나 광고를 통하여 기술, 품질, 서비스, 브랜드 이미지를 개선할 필요가 있다.
• 원가우위 전략 : 원가절감을 통해 해당 산업에서 우위를 점하는 전략으로, 이를 위해서는 대량생산을 통해 단위 원가를 낮추거나 새로운 생산기술을 개발할 필요가 있다.

• 집중화 전략 : 특정 시장이나 고객에게 한정된 전략으로, 특정 산업을 대상으로 한다. 즉, 경쟁 조직들이 소홀히 하고 있는 한정된 시장을 원가우위나 차별화 전략을 써서 집중 공략하는 방법이다.

23

정답 ①

가. 간트 차트는 단계별로 업무를 시작해서 끝나는 데 걸리는 시간을 바(Bar) 형식으로 표시한 것으로, 전체 일정을 한눈에 볼 수 있고, 단계별로 소요되는 시간과 각 업무활동 사이의 관계를 알 수 있다.

오답분석

나. 체크리스트는 업무의 각 단계를 효과적으로 수행했는지를 스스로 점검해 볼 수 있는 도구로, 시간의 흐름을 표현하는 데에는 한계가 있지만, 업무를 세부적인 활동들로 나누고 각 활동별로 기대되는 수행수준을 달성했는지 확인하는 것에 효과적이다.
다. 워크플로시트는 일의 흐름을 동적으로 보여 주는 데 효과적인 것으로, 도형을 다르게 표현함으로써 주된 작업과 부차적인 작업, 혼자 처리할 수 있는 일과 다른 사람의 협조를 필요로 하는 일, 주의해야 할 일, 컴퓨터와 같은 도구를 사용해서 할 일 등을 구분해서 표현할 수 있다.

24

정답 ④

최팀장 책상의 서류 읽어 보기(박과장 방문 전) → 박과장 응대하기(오전) → 최팀장에게 서류 갖다 주기(점심시간) → 회사로 온 연락 최팀장에게 알려 주기(오후) → 이팀장에게 전화 달라고 전하기(퇴근 전)

25

정답 ③

경영은 경영목적, 인적자원, 자금, 전략의 4요소로 구성된다.
ㄱ. 경영목적
ㄴ. 인적자원
ㅁ. 자금
ㅂ. 전략

오답분석

ㄷ. 마케팅
ㄹ. 회계

3일 차 기출응용 모의고사 정답 및 해설

제 1 회

01	02	03	04	05	06	07	08	09	10
②	⑤	③	④	①	①	②	④	⑤	②
11	12	13	14	15	16	17	18	19	20
②	②	③	②	④	⑤	③	②	⑤	⑤
21	22	23	24	25					
①	①	④	⑤	⑤					

01 　　정답 ②

'엉기정기'는 질서 없이 여기저기 벌여 놓은 모양을 의미한다.

오답분석
① 괴발개발 : 글씨를 되는대로 아무렇게나 써놓은 모양
③ 귀둥대둥 : 말이나 행동 따위를 되는 대로 아무렇게나 하는 모양
④ 어룽어룽 : 뚜렷하지 아니하고 흐리게 어른거리는 모양
⑤ 씨억씨억 : 성질이 굳세고 활발한 모양

02 　　정답 ⑤

제시문의 중심 내용을 정리해 보면 '사회 방언은 지역 방언만큼 일찍부터 방언학자의 주목을 받지는 못하였다.', '사회 계층 간의 방언 차는 사회에 따라서는 상당히 현격한 차이를 보여 일찍부터 논의의 대상이 되었다.', '사회 계층 간의 방언 분화는 최근 사회 언어학의 대두에 따라 점차 큰 관심의 대상이 되어 가고 있다.'로 요약할 수 있다. 이 내용을 토대로 글의 제목을 찾는다면 ⑤가 전체 내용을 아우르는 것을 알 수 있다.

03 　　정답 ③

비즈니스 레터는 사업상의 이유로 고객이나 단체에 편지를 쓰는 것이며, 직장업무나 개인 간의 연락, 직접 방문하기 어려운 고객관리 등을 위해 사용되는 비공식적 문서이나, 제안서나 보고서 등 공식 문서를 전달할 때에도 사용된다.

04 　　정답 ④

빈칸 뒤에서는 고전 미학과 근대 미학이 각각 추구하는 이념과 대상에 대해 예를 들어 설명하고 있다. 따라서 빈칸에는 미학이 추구하는 이념과 대상도 시대에 따라 다름을 언급하는 ④가 들어가야 한다.

05 　　정답 ①

대중문화가 주로 젊은 세대를 중심으로 한 문화라고 설명한 다음, 대중문화라고 해서 반드시 젊은 사람들을 중심으로 이루어지는 것은 아니라고 설명하고 있다:

> 글의 서술방식이나 오류를 파악하는 문제는 제시문을 제대로 읽지 않을 경우 시간을 허비하게 되는 경우가 많아 주의를 요하는 유형이다. 해당 유형에서 시간을 지체하지 않기 위해서는 제시문을 문단으로 나누어 각 문단의 핵심이나 구조를 파악하는 것이 중요하다.

06 　　정답 ①

진지한 사과는 감정은행계좌에 신뢰를 예입하는 것이다. 그러나 반복되는 사과는 불성실한 사과와 마찬가지로 받아들여져 신용에 대한 인출이 된다.

오답분석
② B의 행위는 자신의 말과 상사의 기대를 저버린 행위이므로 감정은행계좌 인출 행위에 해당한다.
③ C의 행위는 우산을 빌리지 못한 다른 여직원이 서운함을 느낄 수 있는 행위이므로 감정은행계좌 인출 행위에 해당한다.
④ 책임을 지고 약속을 지키는 것은 감정은행계좌 예입 행위이며, 약속을 어기는 것은 중요한 감정은행계좌 인출 행위이다. D의 행위는 팀원과의 약속을 지키지 않은 행위이므로 감정은행계좌 인출 행위에 해당한다.
⑤ 평소 예의가 바르게 보이면서 자리에 없는 사람들에 대해 비난하는 것은 타인의 기대에 부응하지 못한 행위이므로 E의 행위는 감정은행계좌 인출 행위에 해당한다.

감정은행계좌의 예입 수단
• 상대방에 대한 이해와 양보
• 사소한 일에 대한 관심
• 약속의 이행
• 칭찬하고 감사하는 마음
• 언행일치
• 진지한 사과

07
정답 ②

효과적인 팀의 구성원들은 서로 직접적이고 솔직하게 대화한다. 이를 통해 팀원들은 상대방으로부터 조언을 구하고, 상대방의 말을 충분히 고려하며, 아이디어를 적극적으로 활용하게 된다.

[오답분석]
① 팀워크는 개인주의가 아닌 공동의 목적을 달성하기 위해 상호 관계성을 가지고 서로 협력하는 것이다.
③ 팀워크에서는 강한 자신감을 통해 팀원들 간의 사기를 높일 필요가 있다.
④ 어떤 팀에서든 의견의 불일치는 발생하며, 효과적인 팀워크는 이러한 갈등을 개방적으로 다루어 해결한다.
⑤ 효과적인 팀은 절차, 방침 등을 명확하게 규정한 잘 짜인 조직에서 시작된다. 따라서 팀워크를 위해서는 무엇보다 조직에 대한 이해가 필요하다.

08
정답 ④

현상을 유지하고 조직에 순응하려는 경향은 반임파워먼트 환경에서 나타나는 모습이다.

임파워먼트 환경의 특징
• 업무에 있어 도전적이고 흥미를 가지게 된다.
• 학습과 성장의 기회가 될 수 있다.
• 긍정적인 인간관계를 형성할 수 있다.
• 개인들이 조직에 공헌하며 만족하는 느낌을 가질 수 있다.
• 자신의 업무가 존중받고 있음을 느낄 수 있다.

09
정답 ⑤

전화를 다른 부서로 연결할 때 양해를 구하지 않았으며, 다른 부서의 사람이 전화를 받을 수 있는 상황인지를 사전에 확인하지 않았다.

10
정답 ②

최선의 대안에 대해서 합의하고 선택하는 것은 '해결 대안'에 해당하는 내용이다.

11
정답 ②

기존의 정보를 객관적으로 분석하는 것은 창의적 사고가 아니라 논리적 사고 또는 비판적 사고와 관련이 있다. 창의적 사고에는 성격, 태도에 걸친 전인격적 가능성이 포함되므로 모험심과 호기심이 많고 집념과 끈기가 있으며, 예술적·적극적·자유분방적일수록 높은 창의력을 보인다.

12
정답 ②

• A : 비판적 사고의 목적은 단순히 주장의 단점을 찾아내는 것이 아니라, 종합적인 분석과 검토를 통해 그 주장이 타당한지 그렇지 않은지를 밝혀내는 것이다.
• D : 비판적 사고는 논증, 추론에 대한 문제의 핵심을 파악하는 방법을 통해 배울 수 있으며, 타고난 것이라고 할 수 없다.

13
정답 ③

제시문은 사적관계에 호소하는 오류에 대한 설명이다. 따라서 이와 가장 관련 있는 것은 ③이다.

[오답분석]
① 의도 확대의 오류 : 의도하지 않은 결과에 대해 원래부터 어떤 의도가 있었다고 확대해석하는 오류
② 아첨에 호소하는 오류 : 아첨에 의해 논지를 받아들이게 하는 오류
④ 공포에 호소하는 오류 : 상대방을 윽박지르거나 증오심을 표현하여 자신의 주장을 받아들이게 하는 오류
⑤ 정황에 호소하는 오류 : 어떤 사람이 처한 정황을 비난하거나 논리의 근거로 내세움으로써 자신의 주장이 타당하다고 믿게 하려는 오류

14
정답 ②

제시된 조건을 정리하면 다음과 같다.

구분	1일	2일	3일	4일	5일	6일
경우 1	B	E	F	C	A	D
경우 2	B	C	F	D	A	E
경우 3	A	B	F	C	E	D
경우 4	A	B	C	F	D	E
경우 5	E	B	C	F	D	A
경우 6	E	B	F	C	A	D

따라서 B영화는 어떠한 경우에도 1일 또는 2일에 상영된다.

[오답분석]
① 경우 3, 4에서 A영화는 C영화보다 먼저 상영된다.
③ 경우 1, 5, 6에서 C영화는 E영화보다 늦게 상영된다.
④ D영화는 경우 1, 3, 6에서 폐막작으로, 경우 4, 5에서 5일에 상영된다.
⑤ E영화는 경우 1, 3에서 개막작이나 폐막작으로 상영되지 않는다.

15

일반적인 문제해결절차는 문제 인식, 문제 도출, 원인 분석, 해결안 개발, 실행 및 평가의 5단계를 따른다. 먼저 해결해야 할 전체 문제를 파악하여 우선순위를 정하고, 선정 문제에 대한 목표를 명확히 한 후 선정된 문제를 분석하여 해결해야 할 것이 무엇인지를 명확히 한다. 다음으로 분석 결과를 토대로 근본 원인을 도출하고, 근본 원인을 효과적으로 해결할 수 있는 최적의 해결방안을 찾아 실행하고 평가한다. 따라서 문제해결절차는 '(다) – (마) – (가) – (라) – (나)'의 순서로 진행된다.

16

정답 ⑤

공유폴더를 사용하면 보안에 취약해진다.

17

정답 ③

K사는 최근 1년간 자사 자동차를 구매한 고객들의 주문기종을 조사하여 조사결과를 향후 출시할 자동차 설계에 반영하고자 하므로, 이를 위한 정보는 조사자료에 기반하여야 한다. 유가 변화에 따른 K사 판매지점 수에 대한 정보는 신규 출시 차종 개발이라는 목적에 맞게 자료를 가공하여 얻은 것이 아니므로 ㉡에 들어갈 내용으로 적절하지 않다.

[오답분석]
① 향후 출시할 자동차를 개발하기 위한 자료로서 적절한 자료이며, 객관적 실재의 반영이라는 자료의 정의에도 부합하는 내용이다.
② 구매대수 증가율이 높을수록 선호도가 빠르게 상승하고 있는 것이므로 신규 차종 개발 시 적절한 정보이다.
④ K사 자동차 구매 고객들이 연령별로 선호하는 디자인을 파악하는 것은 고객 연령대에 맞추어 신규 차종의 디자인을 설계할 때 도움이 되는 체계적 지식이다.
⑤ 최근 1년간 K사 자동차 구매 고객들이 선호하는 배기량을 파악하는 것은 신규 차종의 배기량을 설계할 때 도움이 되는 체계적 지식이다.

18

정답 ②

Why(왜)는 목적을 의미한다. ②는 강연 목적으로 적절하다.

[오답분석]
① Why(왜)에 해당한다.
③ When(언제)에 해당한다.
④ Who(누가)에 해당한다.
⑤ Where(어디서)에 해당한다.

19

정답 ⑤

⑤는 예산(금액, 인력, 시간, 시설자원 등)을 나타내는 내용과 가깝다. 따라서 How much(얼마나)에 적합한 내용으로 볼 수 있다.

20

정답 ⑤

ㄷ. 워드프로세서의 주요 기능으로는 입력기능, 표시기능, 저장기능, 편집기능, 인쇄기능을 꼽을 수 있다.
ㄹ. 스프레드 시트의 구성단위는 셀, 열, 행, 영역 4가지이다. 셀은 정보를 저장하는 단위이며, 처리하고자 하는 숫자와 데이터를 셀에 기입하고 이 셀들을 수학방정식에 연결하면 셀 내용이 바뀌면서 그와 연결된 셀 내용들이 바뀌게 된다.

[오답분석]
ㄱ. 여러 형태의 문서를 작성, 편집, 저장, 인쇄할 수 있는 프로그램을 워드프로세서라고 한다. 스프레드 시트는 수치계산, 통계, 도표와 같은 작업을 효율적으로 할 수 있는 응용프로그램이다.
ㄴ. 사용자가 컴퓨터를 더 쉽게 사용할 수 있도록 도와주는 소프트웨어(프로그램)를 '유틸리티 프로그램'이라고 하고 줄여서 '유틸리티'라고 한다. 유틸리티 프로그램은 본격적인 응용 소프트웨어라고 하기에는 크기가 작고 기능이 단순하다는 특징을 가지고 있다.

21

정답 ①

㉠ 원가우위 : 원가절감을 통해 해당 산업에서 우위를 점하는 전략
㉡ 차별화 : 조직이 생산품이나 서비스를 차별화하여 고객에게 가치가 있고 독특하게 인식되도록 하는 전략
㉢ 집중화 : 한정된 시장을 원가우위나 차별화 전략을 사용하여 집중적으로 공략하는 전략

22

정답 ①

기계적 조직과 유기적 조직의 특징을 통해 안정적이고 확실한 환경에서는 기계적 조직이, 급변하는 환경에서는 유기적 조직이 적합함을 알 수 있다.

23

정답 ④

K주임이 가장 먼저 해야 하는 일은 오늘 2시에 예정된 팀장 회의 일정을 P팀장에게 전달하는 것이다. 다음으로 내일 진행될 언론홍보팀과의 회의 일정에 대한 답변을 오늘 내로 전달해 달라는 요청을 받았으므로 먼저 익일 업무 일정을 확인 후 회의 일정에 대한 답변을 전달해야 한다. 이후 회의 전에 미리 숙지해야 할 자료를 확인하는 것이 적절하다. 따라서 K주임은 ④의 순서로 업무를 처리하는 것이 옳다.

24

정답 ⑤

K기업은 원가우위 전략에 속하는 가격 고정이라는 카테고리 전략을 하였다.

오답분석
① 혁신 전략 : 기존의 제품을 간단하게 외형만 바꾸지 않고, 의미있고 독특한 변화를 통해 혁신을 추구하는 전략
② 집중화 전략 : 전체시장을 대상으로 하지 않고 시장의 일부에만 집중적으로 마케팅 활동을 하거나 작은 하위시장을 독점상태로 유도하는 마케팅 전략
③ 차별화 전략 : 둘 이상의 세분시장들을 표적시장으로 선정하여, 각 세분시장에 적합한 마케팅 믹스프로그램을 제공하는 전략
④ 비차별화전략 : 시장을 세분화하지 않고 전체시장에 대응하는 마케팅 활동

25

정답 ⑤

전략 평가 및 피드백은 기업 실적을 객관적으로 분석하여 결과에 대한 근본 원인을 도출하는 단계로, 제시문에서는 K기업의 원가우위 전략과 차별화된 정책이 근본 원인이라고 도출하고 있다.

오답분석
① 전략 목표 설정 : 전략 목표란 조직의 임무를 수행하기 위하여 중장기적으로 계획하여 추진하고자 하는 중점사업방향을 의미하며 조직의 임무를 좀 더 가시화한 목표라고 할 수 있다. 3~5개 정도로 설정함이 적정하고 표현형식은 구체적이고 명확하게 서술되어야 한다.
② 전략 환경 분석 : 내·외부 환경을 분석하는 것으로, 시장, 경쟁사, 기술 등을 분석하여 경쟁에서 성공요인을 도출하도록 한다.
③ 경영전략 도출 : 경쟁우위 전략을 도출하여 기업성장과 효율성 극대화라는 목표를 달성할 수 있도록 지원하는 것이다.
④ 경영전략 실행 : 목표와 미션을 이해하고 조직 역량을 분석하며 세부 실행 계획을 수립하여 업무를 실행한다.

제2회

01	02	03	04	05	06	07	08	09	10
④	⑤	①	③	②	②	④	①	②	②
11	12	13	14	15	16	17	18	19	20
②	③	③	④	④	③	⑤	④	⑤	③
21	22	23	24	25					
③	①	④	③	④					

01

정답 ④

합리주의적인 언어 습득의 이론에서 어린이가 언어를 습득하는 것은 거의 전적으로 타고난 특수한 언어 학습 능력과 일반 언어 구조에 대한 추상적인 선험적 지식에 의해서 이루어진다. 반면 경험주의 이론은 경험적인 훈련(후천적)이 핵심이다.

02

정답 ⑤

제시문은 빠른 사회변화 속 다양해지는 수요에 맞춘 주거복지 정책의 예로 예술인을 위한 공동주택, 창업 및 취업자를 위한 주택, 의료안심주택을 들고 있다. 따라서 글의 주제로 가장 적절한 것은 '다양성을 수용하는 주거복지 정책'이다.

03

정답 ①

자신이 전달하고자 하는 의사표현을 명확하고 정확하게 하지 못할 경우에는 자신이 평정을 어느 정도 찾을 때까지 의사소통을 연기한다. 하지만 조직 내에서 의사소통을 무한정으로 연기할 수는 없기 때문에 자신의 분위기와 조직의 분위기를 개선하도록 노력하는 등의 적극적인 자세가 필요하다. 따라서 ⓪은 잘못 작성되었다.

04

정답 ③

제시문은 청소년기 영양 섭취의 중요성과 우리나라 학생들의 식습관 실태에 대해 설명하는 글이다. 따라서 (나) 입시 준비를 잘하기 위해서는 체력이 관건임 – (가) 좋은 체력을 위해서는 규칙적인 생활 관리와 알맞은 영양 공급이 필수적이며 특히 청소년기에는 좋은 영양 상태를 유지하는 것이 중요함 – (다) 그러나 우리나라 학생들의 식습관을 살펴보면 충분한 영양 섭취가 이루어지지 못하고 있음의 순으로 나열하는 것이 적절하다.

05

정답 ②

빈칸 앞에서는 사회적 문제가 되고 있는 딥페이크의 악용 사례에 대해 이야기하고 있으나, 빈칸 뒤에서는 딥페이크 기술을 유용하게 사용하고 있는 이스라엘 기업의 사례를 이야기하고 있다. 따라서 빈칸에는 어떤 일에 대하여 앞에서 말한 측면과 다른 측면을 언급할 때 사용하는 접속어인 '한편'이 들어가는 것이 가장 적절하다.

06

정답 ②

대인관계능력이란 직장생활에서 협조적인 관계를 유지하고, 조직 구성원들에게 도움을 줄 수 있으며, 조직 내부 및 외부의 갈등을 원만히 해결하고 고객의 요구를 충족시켜 줄 수 있는 능력이다. A의 경우, 신입직원의 잘한 점을 칭찬하지 않고 못한 점만을 과도하게 지적하는 것은 신입직원의 사기를 저하할 수 있고, 신입직원과 보이지 않는 벽이 생길 수 있으므로 좋은 대인관계능력이라고 할 수 없다.

또한 F의 경우, 인간관계를 형성할 때 가장 중요한 요소는 무엇을 말하느냐, 어떻게 행동하느냐보다 개인의 사람됨이다. 만약 그 사람의 말이나 행동이 깊은 내면에서가 아니라 피상적인 인간관계 기법이나 테크닉에서 나온다면 상대방도 곧 그 사람의 이중성을 감지하게 된다. 따라서 효과적인 상호의존성을 위해 필요한 상호신뢰와 교감 및 관계를 만들 수도, 유지할 수도 없게 된다.

07

정답 ④

대화를 통해 부하직원인 A씨 스스로 업무 성과가 떨어지고 있고, 업무 방법이 잘못되었음을 인식시켜서 이를 해결할 방법을 스스로 생각하도록 해야 한다. 이후 B팀장이 조언하며 A씨를 독려한다면, B팀장은 A씨의 자존감과 자기결정권을 침해하지 않으면서도 A씨 스스로 책임감을 느끼고 문제를 해결할 가능성이 높아지게 할 수 있다.

오답분석

① 징계를 통해 억지로 조언을 듣도록 하는 것은 자존감과 자기결정권을 중시하는 A씨에게 적절하지 않다.
② 칭찬은 A씨로 하여금 자신의 잘못을 인식하지 못하도록 할 수 있어 적절하지 않다.
③ A씨가 자기 잘못을 인식하지 못한 상태로 시간만 흘러갈 수 있다.
⑤ 자존감과 자기결정권을 중시하는 A씨에게 강한 질책은 효과적이지 못하다.

08

정답 ①

고객정보는 타인에게 유출되지 않도록 조심하고 소중하게 다루어야 한다. 따라서 고객과의 상담 중에 되도록 큰 소리로 말하지 않도록 주의하는 것이 좋다. 물론 고객정보를 정확하게 수집하는 것은 중요하지만, 큰 소리로 대화하는 것과는 큰 연관성이 없다.

09

정답 ②

팀 에너지를 최대로 활용하는 효과적인 팀을 위해서는 팀원들 개인의 강점을 인식하고 활용해야 한다. A씨의 강점인 꼼꼼하고 차분한 성격과 B씨의 강점인 친화력을 인식하고 A씨에게 재고 관리 업무를, B씨에게 영업 업무를 맡긴다면 팀 에너지를 향상시킬 수 있다.

오답분석

① · ④ · ⑤ 효과적인 팀을 위해서 필요하지만, K부장의 상황에 적절한 조언은 아니다.
③ 효과적인 팀의 조건으로는 문제 해결을 위해 모두가 납득할 수 있는 객관적인 결정이 필요하다.

10

정답 ②

직장 내 성희롱의 성립요건 중 B사원의 고용상의 불이익을 초래할 것에 대한 것은 제시된 사례에서 찾을 수 없다.

> **직장 내 성희롱의 성립요건**
> • 지위를 이용하거나 업무와의 관련성이 있을 것
> • 성적인 언어나 행동 또는 이를 조건으로 하는 행위일 것
> • 고용상의 불이익을 초래하거나 성적 굴욕감을 유발하여 고용환경을 악화시키는 경우일 것
> • 성희롱의 당사자 요건일 것

11

정답 ②

수준 높은 금융 서비스를 통해 글로벌 경쟁에서 우위를 차지하는 것은 강점을 이용해 글로벌 금융사와의 경쟁 심화라는 위협을 극복하는 ST전략이다.

오답분석

① 해외 비즈니스 TF팀을 신설해 해외 금융시장 진출을 확대하는 것은 글로벌 경쟁력이 낮다는 약점을 극복하고 해외 금융시장 진출 확대라는 기회를 활용하는 WO전략이다.
③ 탄탄한 국내 시장점유율이 국내 금융그룹의 핀테크 사업 진출의 기반이 되는 것은 강점을 통해 기회를 살리는 SO전략이다.
④ 우수한 자산건전성 지표를 홍보하여 고객 신뢰를 회복하는 것은 강점으로 위협을 극복하는 ST전략이다.
⑤ 외화 자금 조달 리스크가 약점이므로 기회를 통해 약점을 보완하는 WO전략이다.

12

정답 ③

문제란 원활한 업무 수행을 위해 해결해야 하는 질문이나 의논 대상을 의미한다. 즉, 해결하기를 원하지만 실제로 해결해야 하는 방법을 모르고 있는 상태나 얻고자 하는 해답이 있지만 그 해답을 얻는 데 필요한 일련의 행동을 알지 못한 상태이다. 또한 문제점이란 문제의 근본 원인이 되는 사항으로, 문제해결에 필요한 열쇠의 핵심 사항을 말하며, 개선해야 할 사항이나 손을 써야 할 사항, 문제가 해결될 수 있고 문제의 발생을 미리 방지할 수 있는 사항을 말한다. 따라서 제시문에서의 문제는 사업계획서 제출에 실패한 것이고, 문제점은 K기업의 전산망 마비로 전산시스템 접속이 불가능해진 것이라고 볼 수 있다.

13

정답 ③

연역법의 오류는 'A=B, B=C, so A=C'와 같은 삼단 논법에서 발생하는 오류를 의미한다. '이현수 대리(A)는 기획팀(B)을 대표하는 인재인데(A=B), 이현수 대리가 이런 실수(C)를 하다니(A=C) 기획팀이 하는 업무는 모두 실수투성이 일 것이 분명할 것(B=C)'이라는 말은 'A=B, A=C, so B=C'와 같은 삼단 논법에서 발생하는 오류인 연역법의 오류에 해당한다.

오답분석

① 무지의 오류 : 증명되지 않았기 때문에 그 반대의 주장이 참이라는 것
② 애매성의 오류 : 언어적 애매함으로 인해 이후 주장이 논리적 오류에 빠지는 경우
④ 허수아비 공격의 오류(Strawman's Fallacy) : 상대의 주장과는 전혀 상관없는 별개의 논리를 만들어 공격하는 경우
⑤ 권위나 인신공격에 의존한 논증 : 위대한 성인이나 유명한 사람의 말을 활용해 자신의 주장을 합리화하거나 상대방의 주장이 아닌 인격을 공격하는 것

14

정답 ④

만약 A가 진실이라면 동일하게 A가 사원이라고 말한 C도 진실이 되어 진실을 말한 사람이 2명이 되므로, A와 C는 모두 거짓이다. 또한 E가 진실이라면 B가 사원이므로 A의 'D는 사원보다 직급이 높아.'도 진실이 되어 역시 진실을 말한 사람이 2명이 되기 때문에 E도 거짓이다. 그러므로 B와 D 중 1명이 진실이다.
ⅰ) B가 진실인 경우
   E는 차장이고, B는 차장보다 낮은 3개 직급 중 하나이다. C가 거짓이므로 A가 과장이고, E가 거짓이기 때문에 B는 사원이 아니므로 B는 대리가 되고, A가 거짓이므로 D는 사원이다. 그러면 남은 부장 자리가 C여야 하는데, E가 거짓이므로 C는 부장이 될 수 없어 모순이 된다. 즉, B의 진술은 거짓이다.
ⅱ) D가 진실인 경우
   E는 부장이고 C가 거짓이므로 A는 과장이며, A가 거짓이므로 D는 사원이다. B가 거짓이므로 B는 차장보다 낮은 직급이 아니기 때문에 차장이고, C는 대리가 된다.
따라서 진실을 말한 사람은 D이다.

15

정답 ④

증인이 범하고 있는 오류는 공포에 호소하는 오류에 해당한다. 따라서 공포에 호소하는 오류는 감정에 호소하는 오류에 속하므로 ④가 적절하다.

16

정답 ③

ㄴ. 데이터베이스를 이용하면 다량의 데이터를 정렬하여 저장하게 되므로 검색 효율이 개선된다.
ㄷ. 데이터가 중복되지 않고 한 곳에만 기록되어 있으므로, 오류 발견 시 그 부분만 수정하면 되기 때문에 데이터의 무결성을 높일 수 있다.

오답분석

ㄱ. 대부분의 데이터베이스 관리시스템은 사용자가 정보에 대한 보안등급을 정할 수 있게 해 준다. 따라서 부서별로 읽기 권한, 읽기와 쓰기 권한 등을 구분해 부여하므로 안정성을 높일 수 있다.
ㄹ. 데이터베이스를 형성하여 중복된 데이터를 제거하면 데이터 유지비를 감축할 수 있다.

17

정답 ⑤

틀 고정을 취소할 때는 셀 포인터의 위치와 상관없다.

18

정답 ④

오답분석

① RFID : 무선인식이라고도 하며, 반도체 칩이 내장된 태그, 라벨, 카드 등의 저장된 데이터를 무선주파수를 이용하여 비접촉으로 읽어내는 인식시스템
② 유비쿼터스 센서 네트워크(USN; Ubiquitous Sensor Network) : 첨단 유비쿼터스 환경을 구현하기 위한 근간으로, 각종 센서에서 수집한 정보를 무선으로 수집할 수 있도록 구성한 네트워크
③ 이더넷(Ethernet) : 가장 대표적인 버스 구조 방식의 근거리 통신망(LAN) 중 하나
⑤ M2M(Machine-to-Machine) : 모든 사물에 센서와 통신 기능을 달아 정보를 수집하고 원격 제어하는 통신체계

19

정답 ⑤

통계 처리 프로그램은 소프트웨어와 달리 특정한 업무를 해결하기 위한 목적을 가지고 만들어진 프로그램으로, 각 분야의 전문가에 의해 개발·작성되고 패키지화된 응용프로그램인 패키지프로그램에 해당한다. 그밖에도 수치해석 프로그램·시뮬레이션 프로그램·공정관리 프로그램 등이 있으며 과학용 프로그램도 이에 해당한다.

① 파일 압축 : 유틸리티 프로그램에 해당한다. 예 ALzip
② 이미지 뷰어 : 유틸리티 프로그램에 해당한다. 예 jpg
③ 화면 캡처 : 유틸리티 프로그램에 해당한다. 예 스태그잇
④ 바이러스 백신 : 유틸리티 프로그램에 해당한다. 예 V3

20 정답 ③

① 커스컴(Cuscom) : 단골(Custom)과 통신(Communication)의 합성어로, 정보를 전달하는 데 있어 정해진 소수의 사람들을 상대로 하는 매체
② 빅데이터(Big Data) : 데이터의 생성 양·주기·형식 등이 기존 데이터에 비해 너무 커서 이전의 방법으로는 수집·저장·분석·검색이 어려운 데이터
④ 유비쿼터스(Ubiquitous) : 언제 어디에서나 컴퓨터 자원을 활용할 수 있도록 현실 세계와 가상 세계를 결합시킨 것
⑤ 스쿠프(Scoop) : 보도기관에서 특종기사를 경쟁관계의 타사보다 앞서 보도하는 것

21 정답 ③

홍보용 보도 자료 작성은 홍보팀의 업무이며, 물품 구매는 총무팀의 업무이다. 즉, 영업팀이 아닌 홍보팀이 홍보용 보도 자료를 작성해야 하며, 홍보용 사은품 역시 직접 구매하는 것이 아니라 홍보팀이 총무팀에 업무협조를 요청하여 총무팀이 구매하도록 하여야 한다.

22 정답 ①

② SWOT 분석 : 기업의 내·외부환경을 분석하여 강점(Strength), 약점(Weakness), 기회(Opportunity), 위협(Threat) 요인을 규정하고, 이를 토대로 경영전략을 수립하는 기법
③ 마인드맵 : 마음 속에 지도를 그리듯이 줄거리를 이해하며 정리하는 방법
④ 브레인라이팅 : 많은 구성원들로 이루어진 조직에서 활용되는 아이디어 창출기법. 브레인스토밍과 유사하지만 그와 비교하여 발언에 소극적인 사람의 참여를 유도할 수 있으며 지배적 개인의 영향력을 줄일 수 있는 장점이 있음
⑤ 델파이기법 : 전문가들이 집단토의를 하는 경우 발생하는 약점을 극복하기 위해서 개발된 전문가들의 의견을 종합하는 기법

23 정답 ④

제시문에 나타난 '한정 판매 마케팅 기법'은 한정판 제품의 공급을 통해 의도적으로 공급의 가격탄력성을 0에 가깝게 조정한 것이다. 이 기법은 판매 기업의 입장에서는 이윤 증대를 위한 경영 혁신이지만, 소비자의 합리적 소비를 저해할 수 있다.

24 정답 ③

K사가 변경하고자 하는 조직 구조는 매트릭스 조직이다. 이는 특정 사업 수행을 위한 것으로, 해당 분야의 전문성을 지닌 직원들이 본연의 업무와 특정 사업을 동시에 수행하는 '투-잡(Two-Job)' 형태로 운영될 수 있으며 두 명 이상의 책임자들로부터 명령을 받는다고 하여 이중지휘 시스템이라고도 한다.

25 정답 ④

매트릭스 조직의 성공 여부는 이 조직에 관여하는 관리자들의 양보와 타협, 협동에 달려 있으므로 리더들의 사고 혁신이 전제가 되어야 한다. 매트릭스 조직 운영은 난이도가 높기에 이에 걸맞은 기업문화와 인사제도, 성과측정, 전략수립 수단이 필요하며 매트릭스 최하단에 놓인 직원의 적절한 업무로드 배분을 감안해야 한다. 또한 함께 달성할 가치나 목표가 뚜렷해야 구성원들의 협력 의지를 동기부여시킬 수 있고 기능 간에 커뮤니케이션과 정보 공유가 원활해지므로, 공동 목표를 명확히 설정하고 공유해야 한다. 이러한 조직의 전체적인 변화와 혁신을 일으키지 않으면 어설픈 관료제의 중첩이라는 위험에 빠지게 될 가능성이 높다.

4일 차 기출응용 모의고사 정답 및 해설

제 **1** 회

01	02	03	04	05	06	07	08	09	10
⑤	④	③	④	③	③	②	⑤	⑤	③
11	12	13	14	15	16	17	18	19	20
②	⑤	①	④	④	②	④	②	①	④
21	22	23	24	25					
①	①	④	①	①					

01
정답 ⑤

테일러는 조직적 태업의 근본적 문제가 표준작업량의 불명확성에 있는 것을 해결하기 위해 시간연구와 동작연구를 이용해 표준작업량을 설정하였다. 테일러의 과업관리(Task Management)의 목표는 '높은 임금, 낮은 노무비의 원리'로 집약된다.

02
정답 ④

ㄷ·ㄹ. 시장세분화 변수는 크게 고객 행동변수와 고객 특성변수로 구분된다. 그리고 고객 특성변수는 다시 인구통계적 변수와 심리분석적 변수로 구분된다. '가족 생활주기'는 인구통계적 변수에, '라이프스타일'은 심리분석적 변수에 포함된다.

오답분석

ㄱ·ㄴ·ㅁ. 사용 상황, 상표 애호도, 추구하는 편익, 사용량, 고객생애가치 등은 모두 시장세분화와 관련된 고객 행동변수에 포함된다.

03
정답 ③

주식회사는 그 구성원인 사원이 주주가 되어 자기의 출자액의 주식금액을 한도로 하여 회사의 자본 위험에 대한 책임을 지는데 이를 주주의 유한책임이라 한다. 따라서 ③은 주식회사의 특징으로 옳지 않다.

04
정답 ④

EOQ 모형은 재고 부족비를 고려하지 않는다. 따라서 총비용은 주문비와 보관비의 합으로 계산된다.

05
정답 ③

허즈버그의 실증적 연구 결과에 의하면 인간이 직무와 관련해서 추구하는 욕구는 크게 두 가지의 범주로 나누는데, 그중 한 가지는 동기요인이며 다른 한 가지는 위생요인이다. 동기요인은 직무에 대한 만족을 결정짓는 데 영향을 미치는 요인들로, 이러한 의미에서 이 요인들을 만족요인이라고도 부른다. 위생요인은 결핍되었을 때 직무에 대한 불만족을 초래하는 요인들로, 직무에 대한 만족을 결정짓는 요인들과는 별개의 요인이므로 이를 불만족요인 또는 유지요인이라고도 부른다.

06
정답 ③

HRM은 인적자원관리를 말하며, 조직의 목표 달성을 위해 인적자원의 효율적 활용과 관련된 업무이다. 인적자원 확보 및 배치, 인적자원 평가, 미래 인적자원 계획 등의 업무를 수행한다. 반면 인적자원 교육은 HRD(Human Resource Development)의 주요 업무에 해당한다.

07
정답 ②

최저임금제의 필요성
- 계약자유의 원칙 한계 보완 : 계약의 자유가 소유권과 결합하여 오히려 경제적 강자를 보호하고 경제적 약자를 지배하는 제도로 전환되는 한계를 보완
- 사회적 약자 보호 : 생존임금과 생활임금을 보장하여 저임금 노동자 등의 사회적 약자들을 보호
- 시장실패 보완 : 임금이 하락함에도 불구하고 노동공급은 줄어들지 않고 계속 증가하여 임금이 계속 떨어지는 현상인 왜곡된 임금구조를 개선
- 유효수요 증대 : 저소득층의 한계소비성향을 높여 사회 전반적인 수요 증대

08

평가센터법 안에서 다양한 방법의 평가기법들이 사용되기 때문에 표준화 및 상대적 비교가 어렵고, 시간과 비용이 많이 든다.

09

정답 ⑤

오답분석
① 서열법 : 피평정자의 근무성적을 서로 비교해서 그들 간의 서열을 정하여 평정하는 방법
② 평정척도법 : 관찰하려는 행동에 대해 어떤 질적 특성의 차이를 몇 단계로 구분하여 판단하는 방법
③ 목표관리법 : 전통적인 충동관리나 상사위주의 지식적 관리가 아닌 공동목표를 설정·이행·평가하는 전 과정에서 아랫사람의 능력을 인정하고 그들과 공동노력을 함으로써 개인목표와 조직목표 사이, 상부목표와 하부목표 사이에 일관성이 있도록 하는 관리방법
④ 중요사건기술법 : 피평정자의 근무실적에 큰 영향을 주는 중요사건들을 평정자로 하여금 기술하게 하거나 또는 주요 사건들에 대한 설명구를 미리 만들고 평정자로 하여금 해당되는 사건에 표시하게 하는 평정방법

10

정답 ③

인력 훈련 및 개발에 대해 기능 형성을 기본으로 하는 것은 방어형 인적자원관리 방법이다. 공격형 인적자원관리는 기능 확인 및 적용을 기본으로 한다.

11

정답 ②

SCM(Supply Chain Management)은 공급사슬관리 또는 유통총공급망관리라고 불린다.

오답분석
① ERP(Enterprise Resource Planning) : 전사적 자원관리로, 기업의 모든 자원을 최적으로 관리함으로써 빠르고 투명한 업무 처리의 실현을 목적으로 함
③ EDI(Electronic Data Interchange) : 전자문서 교환방식으로, 기업 간에 데이터를 효율적으로 교환하기 위해 지정한 데이터와 문서의 표준화 시스템
④ MRP(Material Requirement Planning) : 자재 소요량 계획으로, 컴퓨터를 이용하여 최종제품의 생산계획에 따라 그에 필요한 부품 소요량의 흐름을 종합적으로 관리하는 생산관리 시스템
⑤ CRM(Customer Relationship Management) : 고객관계관리로, 기업이 고객 중심 자원을 극대화하고 이를 토대로 고객 특성에 맞게 마케팅 활동을 하는 과정

12

정답 ⑤

부품의 이동화는 포드 시스템의 3대 핵심 요소(생산의 표준화, 이동조립, 컨베이어시스템) 중 이동조립과 관련이 있다.

오답분석
① 제품의 단순화 : 대량생산을 통한 생산비 절감을 목표로 제품을 단순화
② 작업의 단순화 : 근로자의 동일 작업에 대한 연속 실시로 생산능률을 향상
③ 부품의 표준화 : 제품의 표준화(단순화)를 위해 호환성 있는 표준화된 부품을 생산
④ 기계의 전문화 : 생산원가 절감 및 부품의 표준화 유지를 위해 단일목적의 기계로 생산

포드 시스템의 3S
- Simplification(단순화) : 제품, 작업
- Standardization(표준화) : 부품, 작업
- Specialization(전문화) : 기계, 공구, 공정

13

정답 ①

공급사슬관리(SCM)는 공급업체, 구매기업, 유통업체 그리고 물류회사들이 주문, 생산, 재고수준과 제품 및 서비스의 배송에 관한 정보를 공유하도록 하여 제품과 서비스를 효율적으로 구매, 생산, 배송할 수 있도록 지원하는 시스템이다.

오답분석
② 적시생산시스템(JIT) : 모든 프로세스에 걸쳐 필요한 때, 필요한 것을, 필요한 만큼만 생산하는 생산시스템
③ 유연생산시스템(FMS) : 다양한 제품을 높은 생산성으로 유연하게 제조하는 것을 목적으로 생산을 자동화한 시스템
④ 컴퓨터통합생산(CIM) : 제조, 개발, 판매로 연결되는 과정을 일련의 정보시스템으로 통합한 생산관리시스템
⑤ 전사적품질경영(TQM) : 고객 만족을 달성하기 위해 주로 제품과 서비스 품질 관리에만 주력했던 기존 방식에서 벗어나 기업 활동의 전반적인 분야의 품질을 높이는 데 주력하는 경영 방식

14

정답 ④

자본집약도가 높아지면 한 사람의 노동자가 만들어 내는 산출량의 크기, 즉 노동생산성이 상승하는 경향이 있다.

오답분석
① 원자재 등 유동자본을 고려하는 경우도 있으나, 대부분 고정자본을 의미한다.
② 기술이 진보하면 노동자 1인당 고정자본량이 늘어나 자본집약도가 높아진다.
③ 자본집약도는 자본투입량을 노동투입량으로 나눈 값이다.
⑤ 경공업은 노동집약적으로 작업이 이루어지므로 자본집약도가 낮게 나타난다.

15

정답 ④

JIT(적시생산시스템)은 낭비요소가 최소화된 효율적인 생산의 운영 및 통제시스템으로, 1970년대부터 일본기업들이 적용하고 있었으며, 1980년대 이후 미국을 비롯한 서양국가에서 활발하게 연구되고 도입되었다.

16

정답 ②

PPL(Product Placement)이란 영화나 드라마 속에 소품으로 등장하는 상품을 일컫는 것으로, 브랜드명이 보이는 상품뿐만 아니라 이미지, 명칭 등을 노출해 관객들에게 홍보하는 일종의 광고마케팅 전략이다.

17

정답 ④

므두셀라 증후군(Methuselah Syndrome)은 추억을 아름답게 포장하거나 나쁜 기억은 지우고 좋은 기억만 남겨두려는 심리로, 기억 왜곡을 동반한 일종의 도피심리를 의미한다.

오답분석

① 리마 증후군(Lima Syndrome) : 인질범이 포로나 인질에게 강자로서 약자에게 갖는 동정심
② 순교자 증후군(Martyr Syndrome) : 과거의 일에 대해 부정적으로 기억하고 나쁜 감정만 떠올리는 심리
③ 스톡홀름 증후군(Stockholm Syndrome) : 인질이 인질범들에게 동화되어 그들에게 동조하는 비이성적 현상
⑤ 스마일 마스크 증후군(Smile Mask Syndrome) : 밝은 모습을 유지해야 한다는 강박에 슬픔과 분노 같은 감정을 제대로 발산하지 못해 심리적으로 불안정한 상태

18

정답 ②

마케팅 환경
- 마케팅 환경이란 환경과 목표고객과의 사이에서 마케팅목표의 실현을 위해 수행되는 마케팅 관리활동에 영향을 미치는 여러 행위주체와 영향요인을 말한다.
- 거시적 마케팅 환경요소 : 인구통계적 환경, 경제적 환경, 자연적 환경, 기술적 환경, 정치적 환경, 법률적 환경, 문화적 환경
- 미시적 마케팅 환경요소 : 기업, 원료공급자, 마케팅 중개기관, 고객 및 시장, 경쟁자, 공중

19

정답 ①

마케팅믹스는 성공적인 목표 달성을 위해 마케팅에서 사용되는 여러 가지 방법들을 전체적으로 균형 있게 조정·구성하는 것을 이른다. 마케팅믹스에는 판매자(기업)의 관점에서 마케팅을 펼치는 4P와 구매자(고객)의 입장에서 생각하는 4C가 있다. 이 4C에 해당하는 핵심 전략에는 Customer Value(고객 가치), Customer Cost(구매 비용), Convenience(고객 편의성), Communication(고객과의 소통)이 있다.

20

정답 ④

오답분석

① 단수가격 : 제품가격의 끝자리를 단수(달러 가격에서 끝자리가 홀수, Odd number)로 표시하여 제품가격이 저렴하게끔 보이게 한다.
② 명성가격 : 소비자들이 품질이 좋으면 가격이 높다고 생각하는 경향을 이용하여 제품가격을 높게 책정한다.
③ 준거가격 : 소비자가 제품의 구매를 결정할 때 기준이 되는 가격으로, 소비자들이 제품 구입 시 과거 경험이나 기억, 외부에서 들어온 정보로 적정하다고 생각하는 가격으로 책정한다.
⑤ 유보가격 : 소비자가 제품에 대해 지불할 의사가 있는 최대가격으로, 소비자는 유보가격으로 정한 수준보다는 낮은 가격에 판매되는 제품에 구매를 결정하게 된다.

21

정답 ①

제시된 사건을 일어난 시기 순으로 바르게 나열하면 다음과 같다.
(가) 고려 목종 12년(1009)에 강조가 목종을 폐위시킨 뒤 살해하고 현종을 옹립하였다.
(나) 12세기 초 계속되는 여진의 침입으로 윤관은 숙종에게 별무반을 편성할 것을 건의하였고, 숙종은 윤관의 건의를 받아들여 별무반을 조직하였다(1104). 윤관은 별무반을 이끌고 여진족을 물리친 후 함경도 지역에 동북 9성을 축조하였다(1107, 예종).
(다) 1170년 정중부를 중심으로 한 무신들이 무(武)를 천시하는 시대적 상황에 불만을 품고 의종의 이궁(離宮)인 보현원에서 문신들을 살해한 사건이 일어났다. 이 사건을 계기로 무신 정변이 시작되었다.
(라) 무신정권의 군사적 기반이었던 삼별초는 배중손을 중심으로 강화도에서 진도로, 진도에서 제주도로 근거지를 옮겨가면서 1273년 여·몽 연합군에 의해 전멸될 때까지 항쟁을 계속하였다(1270 ~ 1273).

22

정답 ①

제시된 사료는 1919년 3 · 1 운동 때 선언된 민주 구국 선언이다.

오답분석

② 광주민주화운동 : 1980년

③ 4 · 19 혁명 : 1960년

④ 광주항일학생운동 : 1929년

⑤ 6 · 10 만세운동 : 1926년

23

정답 ④

금위영은 국왕의 친위부대이자 한양의 방위군 역할을 맡은 중앙 군영이다. 숙종은 왕권을 안정시키고 수도 방위를 강화하기 위해 1682년(숙종 8) 금위영을 신설했다.

숙종 대에는 붕당정치와 권력 투쟁이 심화되고 있었다. 이에 숙종은 왕권이 당파에 휘둘리는 것을 막기 위해 여러 환국을 일으켜 직접 정권을 바꾸었다. 그의 재위기간에는 3대 환국(경신환국 · 기사환국 · 갑술환국)이 일어났다. 1712년(숙종 38)에는 조선과 청나라 간의 국경을 확정하기 위해 백두산 정계비를 세웠다.

오답분석

① · ② 영조 때 있었던 일이다.

③ · ⑤ 정조 때 있었던 일이다.

24

정답 ①

통일신라 후기에는 교종이 쇠퇴하고 선종이 유행하였지만, 그 이전에는 교종이 유행하였다.

오답분석

④ 왕오천축국전에 대한 설명이다.

⑤ 성덕대왕신종에 대한 설명이다.

25

정답 ①

빈칸에 들어갈 인물은 동학농민운동을 이끈 전봉준이다. 조병갑의 수탈이 계기가 되어 사발통문을 만들고 고부 관아를 공격하였으며, 동학농민군을 이끌고 전주성을 점령하였다.

오답분석

② 최시형 : 동학의 2대 교주

③ 최제우 : 동학의 창시자

④ 손병희 : 천도교인으로, 3.1운동 등을 이끈 독립운동가

⑤ 이용태 : 조병갑이 처벌된 이후 사태를 해결하기 위해 온 안핵사로, 조선의 관료

제2회

01	02	03	04	05	06	07	08	09	10
③	④	④	①	①	③	③	②	②	④
11	12	13	14	15	16	17	18	19	20
④	④	①	⑤	①	⑤	④	①	⑤	②
21	22	23	24	25					
②	④	⑤	①	⑤					

01

정답 ③

옴니 채널은 '모든 것'을 뜻하는 옴니(Omni)와 '유통 경로'를 뜻하는 채널(Channel)의 조합어로, 인터넷 · 마트 · 백화점 · 모바일 등 각기 운영되던 온 · 오프라인 매장을 하나로 결합하여 언제 어디서나 소비자가 상품을 검색하고 구매할 수 있도록 하며, 동일한 서비스를 제공하여 어디서 구매하든 같은 매장을 이용하는 것 같은 느낌을 주는 쇼핑 환경을 말한다.

오답분석

ㄷ. 옴니 채널에서는 온 · 오프라인 매장의 가격과 재고 등을 통합 관리하여 가격을 동일하게 운영하므로, 모든 온 · 오프라인 매장에서 동일한 가격에 제품을 구매할 수 있다.

ㄹ. 옴니 채널은 온 · 오프라인 및 모바일 등 다양한 판매 경로를 통합한다.

02

정답 ④

(가) 편집숍 : 한 매장에서 여러 브랜드의 제품을 모아서 판매하는 상점

(나) 플래그십스토어 : 성공한 특정 상품 브랜드를 앞세워 전체 브랜드의 성격과 이미지를 극대화하는 상점

(다) 팝업스토어 : 신상품 등의 특정 제품을 짧은 기간 동안 판매하고 사라지는 상점

오답분석

• 안테나숍 : 상품에 대한 소비자의 반응을 파악하고 판매촉진방안이나 상품개발 등을 연구하기 위해 도매상이 직접 운영하는 전략적 점포

• 앵커스토어 : 특정 상권을 대표하거나 대형 상가의 주축이 되는 유명 점포로, 주변 상권에 영향을 미침 예 신축 건물 내 영화관, 유명 커피숍, 대형 마트 등

03
정답 ④

대리인 문제는 회사의 주주와 실제 경영인이 서로 달라 발생하는 문제이다. 이를 해결하는 방법으로는 우선 정보 비대칭을 줄이는 방법이 있다. 회계정보 공시를 강화하거나 기업 정보의 투명성을 높이는 것이다. 적대적 M&A 시장을 활성화시킨다든지 채권단 등과 같은 자본시장의 제도적 장치를 이용해 경영진의 도덕적 해이를 방지하는 방법도 있다. 또 견제 대신 당근을 활용할 수도 있다. 대표적인 것이 스톡옵션이다. 스톡옵션은 주주와 경영자의 이해를 서로 일치시키는 일종의 성과급과 같다. 하지만 분산된 주주들은 경영진을 엄격하게 감독할 유인을 갖지 못한다.

다수의 소액주주에 주식이 분산되는 것보다는 일정한도 내의 주식을 소유하는 대주주가 존재하는 경우 대리인 문제가 해결될 수 있다.

04
정답 ①

지주회사는 콘체른형 복합기업의 대표적인 형태로서 모자회사간의 지배관계를 형성할 목적으로 자회사의 주식총수에서 과반수 또는 지배에 필요한 비율을 소유·취득하여 해당 자회사의 지배권을 갖고 자본적으로나 관리기술적인 차원에서 지배관계를 형성하는 기업을 말한다.

05
정답 ①

기계적 조직은 집권적이며 규칙과 절차가 많고 엄격한 반면, 유기적 조직은 분권적이며 융통성이 높고 제약이 적은 편이다.

06
정답 ③

요소비교법의 평가요소는 5개 내외로 사용하며, 정신적 노력, 육체적 노력, 숙련도, 책임, 작업환경을 주로 사용한다. 임금수준은 관련이 없다.

> **요소비교법(Factor Comparison Method)**
> 요소비교법은 몇 개의 기준직무를 정하고 기준직무와 평가대상 직무를 비교해가며 상대적 가치를 설정하는 방법으로, 기준직무의 가치를 합리적으로 설정하면 직무 간 객관적 비교가 가능해지고 간편하게 임금이 산출되는 장점이 있다.

07
정답 ③

질문지법은 구조화된 설문지를 이용하여 직무에 대한 정보를 얻는 직무분석 방법이다.

08
정답 ②

오답분석
① 연봉제 : 개별 구성원의 능력·실적 및 조직 공헌도 등을 평가해 계약에 의해 연간 임금액을 책정하는 보수 체계
③ 임금피크제 : 근로자들의 임금을 삭감하지 않고 고용을 유지하기 위해 근무시간을 줄여 고용을 보장하기 위한 제도
④ 스캔런 플랜 : 생산액의 변동에 임금을 연결시켜 산출하는 것으로, 일정기간 동안 구성원과 조직이 기대한 원가절감액에서 실제 절약한 비용을 뺀 나머지를 모든 구성원들에게 금전적 형태로 제공하는 제도
⑤ 개인성과급제 : 노동의 성과를 측정하여 그 결과에 따라 임금을 지급하는 제도

09
정답 ②

역할연기법은 경영관리상의 문제 해결이나 이해를 위해 당사자가 문제의 주인공처럼 실연해서 문제의 핵심을 파악하는 것으로, 감독자 훈련이나 세일즈맨에 대한 기술훈련 등에 사용되고 있다. 따라서 역할연기법은 훈련방법이지, 훈련의 필요성을 분석하는 방법은 아니다.

10
정답 ④

오답분석
① 항상 오차 : 평가자가 실제로 평가할 경우에 일어나기 쉬운 가치판단상의 심리적 오차
② 대비 효과 : 직무기준, 직무능력 등 절대기준이 아닌 자신과 평가대상을 비교하여 평가하는 것
③ 논리적 오차 : 평가요소 간 논리적인 상관관계가 있는 경우 평가요소 중 하나가 우수할 경우 다른 요소도 우수하다고 판단하는 경향
⑤ 상동적 태도 : 평가대상이 속한 집단의 특성에 근거하여 대상을 판단하는 경향

11
정답 ④

ERP(Enterprise Resource Planning, 전사적 자원관리)의 특징
• 기업의 서로 다른 부서 간의 정보 공유를 가능하게 한다.
• 의사결정권자와 사용자가 실시간으로 정보를 공유하게 한다.
• 보다 신속한 의사결정과 보다 효율적인 자원 관리를 가능하게 한다.

① JIT(Just-in-Time, 적시생산시스템) : 과잉생산이나 대기시간 등의 낭비를 줄이고 재고를 최소화하여 비용 절감과 품질 향상을 달성하는 생산시스템
② MRP(Material Requirement Planning, 자재소요계획) : 최종제품의 제조과정에 필요한 원자재 등의 종속수요 품목을 관리하는 재고관리기법
③ MPS(Master Production Schedule, 주생산계획) : MRP의 입력자료 중 하나로, APP를 분해하여 제품이나 작업장 단위로 수립한 생산계획
⑤ APP(Aggregate Production Planning, 총괄생산계획) : 제품군별로 향후 약 1년간의 수요예측에 따른 월별 생산목표를 결정하는 중기계획

12   정답 ④

고정주문기간 모형은 일정한 시점이 되면 정기적으로 필요한 만큼의 양을 주문하는 형태의 주문시스템 모형으로, 주문량이 매번 달라질 수 있어 수요변동이 크지만 주문 기간과 간격은 일정하다. 또한 재고의 수시파악이 어려운 다품종 저가 품목 용도로 사용된다.

① MRP(자재소요량계획) : 컴퓨터를 이용하여 최종제품의 생산계획에 따라 그에 필요한 부품 소요량의 흐름을 종합적으로 관리하는 생산관리시스템
② ERP(전사적 자원관리) : 기업의 경쟁력을 강화하기 위하여 경영 활동에 쓰이는 기업 내의 모든 자원을 효율적으로 관리하는 통합 정보시스템
③ ABC 관리 : 재고부품을 A, B, C의 세 종류로 분류하여 관리함으로써 재고비용을 감소시키려는 재고관리방식
⑤ 고정주문량 모형 : 현재 재고수준이 미리 정한 재주문점(ROP)에 도달하면 미리 정해 놓은 주문량을 발주하는 시스템

13   정답 ①

연속생산은 동일제품을 대량생산하기 때문에 규모의 경제가 적용되어 여러 가지 제품을 소량생산하는 단속생산에 비해 단위당 생산원가가 낮다.

② 연속생산의 경우, 표준화된 상품을 대량으로 생산함에 따라 운반에 따른 자동화 비율이 매우 높고, 속도가 빨라 운반비용이 적게 소요된다.
③ㆍ④ 제품의 수요가 다양하거나 제품의 수명이 짧은 경우 단속생산 방식이 적합하다.
⑤ 연속생산은 작업자의 숙련도와 관계없이 작업에 참여가 가능하다.

14   정답 ⑤

제시문은 6시그마(Six Sigma)에 대한 설명으로, 결함 발생률을 6시그마(99.99966% 만족품질) 수준으로 줄이는 것을 목표로 한다.

① 1시그마 : 68% 만족품질
② 3시그마 : 99.7% 만족품질

15   정답 ①

인지적 부조화란 소비자가 선택한 상표에 대한 만족을 하거나 또는 결점을 발견하고 그들의 선택에 갈등을 느낄 수도 있다는 것이다. 이와 같은 소비자들은 거의 모든 제품을 구매한 후에도 정도의 차이는 있지만 구매 후 부조화를 느끼게 된다.

16   정답 ⑤

총괄생산계획은 제품의 재고량, 생산 능력, 고용 인원 따위를 고려하여 전체적인 생산량과 품목, 일정을 계획하는 일이다. 단기, 중기, 장기(대일정계획) 계획을 세우고 총괄생산계획을 주단위나 일단위로 운영할 수 있도록 한다. 이는 예측하고 계획하는 것으로, 수요 변동이 생긴다고 즉시 생산수준에 반영하지는 않는다.

17   정답 ④

수평적 마케팅 시스템의 수평적 통합에 대한 내용이다.

18   정답 ①

브랜드 전략 실행 5단계
1. 브랜드 네이밍 : 상품 이미지에 적합한 상품명을 정하는 것
2. 브랜드 아이덴티티 : 상품명이 내재하고 있는 개념 또는 추구하는 가치
3. 브랜드 포지셔닝 : 브랜드 아이덴티티를 실현하기 위한 실천 전략
4. 브랜드 로열티 : 브랜드에 대한 소비자의 충성도
5. 브랜드 확장 : 성공한 기존 상품 브랜드를 다른 상품에도 적용하는 것

19

오답분석

① PI 마케팅 : 기업 최고경영자(CEO)에게 초점을 맞춰 행하는 각종 마케팅 활동으로, 최고경영자의 이미지를 기업 홍보의 수단으로 활용
② 헝거 마케팅 : 제품의 희소성을 높여 소비자들을 배고픈 상태로 만들어 구매 욕구를 높이고, 입소문을 통해 잠재고객을 확산하는 마케팅 전략
③ MOT 마케팅 : 소비자와 접촉하는 극히 짧은 순간들이 브랜드와 기업에 대한 인상을 좌우하는 극히 중요한 순간이라는 것을 강조하며 전개하는 마케팅
④ STP 마케팅 : 마케팅 전략과 계획 수립 시 소비자행동에 대한 이해에 근거하여 시장을 세분화(Segment Ation)하고, 이에 따른 표적시장의 선정(Targeting)하며 표적시장에 적절하게 제품을 포지셔닝(Positioning)하는 일련의 활동

20

정답 ②

코즈 마케팅(Cause Marketing)은 기업의 경영 활동과 사회적 이슈를 연계시키는 마케팅으로, 기업과 소비자의 관계를 통해 기업이 추구하는 사익(私益)과 사회가 추구하는 공익(公益)을 동시에 얻는 것을 목표로 한다.

오답분석

① 뉴로 마케팅(Neuro Marketing) : 뇌 속에서 정보를 전달하는 신경인 뉴런(Neuron)과 마케팅을 결합한 용어로, 소비자의 무의식에서 나오는 상품에 대한 감정, 구매 행위를 분석해 기업의 마케팅 전략에 효과적으로 적용하는 기법
③ 노이즈 마케팅(Noise Marketing) : 자신들의 상품을 각종 구설수에 휘말리도록 함으로써 소비자들의 이목을 집중시켜 판매를 늘리려는 마케팅 기법
④ 앰부시 마케팅(Ambush Marketing) : 게릴라 작전처럼 기습적으로 행해지며 교묘히 규제를 피해 가는 마케팅 기법
⑤ 감성 마케팅(Emotional Marketing) : 고객의 기분과 정서에 영향을 미치는 감성적인 것을 통해 브랜드와 고객 간의 유대관계를 강화하는 마케팅 기법

21

정답 ②

제시문은 통일신라 시대 의상대사가 왕명을 받아 676년에 창건한 영주 부석사에 대한 설명이다. 부석사에는 신라 양식을 계승한 소조아미타여래좌상이 있다.

오답분석

① 고려 시대에 조성한 거대한 미륵보살입상이 있는 곳은 논산 관촉사이다.
③ 지눌이 수선사 결사운동을 전개한 곳은 순천 송광사이다.

22

정답 ④

독립협회는 1896년 개화 지식층이 설립한 한국 최초의 근대적 사회정치단체이다. 서재필을 중심으로 이상재, 이승만, 윤치호 등이 참여하였다. 독립신문을 발간하고 독립을 세우기도 하였으며, 가장 큰 활동으로는 만민공동회 개최와 6개조 개혁안(헌의 6조)이 있다.

오답분석

① 신민회 : 1907년에 윤치호 등이 만든 항일 비밀결사단체
② 일진회 : 1904년에 유신회를 개칭한 단체로 친일단체
③ 대한협회 : 1907년에 윤효정 등이 창립한 정치단체
⑤ 대한자강회 : 1906년에 헌정연구회를 확대 개편하여 발족한 민중계몽단체

23

정답 ⑤

제시문에서 설명하고 있는 단체는 근우회이다. 근우회는 민족주의 계열 여성과 사회주의 계열 여성 단체들이 모두 참여한 항일여성운동 단체로, 두 단체의 사상적 차이로 해산하게 되었다.

오답분석

① 신간회는 안재홍, 이상재, 신채호 등이 발기하였다.
② 보안회는 일본의 황무지 개간권 요구를 반대하기 위해 조직되었다.
③ 정우회에 대한 설명이다.
④ 한인애국단에 대한 설명이다.

24

정답 ①

제시된 사료는 1170년에 일어난 보현원 사건(무신정변)이다. 보현원 사건은 정중부를 중심으로 한 무신들이 무(武)를 천시하는 시대적 상황에 불만을 품고 의종의 이궁(離宮)인 보현원에서 문신들을 살해한 사건이다.
이후 1198년에 발생한 무신집권기의 대표적 봉기인 만적의 난은 최초의 천민 해방 운동이었다. 최충헌의 사노비였던 만적은 사람이면 누구나 공경대부가 될 수 있다고 주장하며 신분 해방 운동을 펼쳤다.

오답분석

② 고려 인종 때 왕실의 외척이었던 이자겸은 십팔자위왕(十八子爲王, 이씨가 왕이 된다)을 유포하여 왕위를 찬탈하고자 난을 일으켰다(1126).
③ 고려의 장수 윤관은 별무반(기병인 신기군, 보병인 신보군, 승병인 항마군)을 편성해 여진족을 몰아내고 동북 9성을 개척하였다(1107).
④ 의천은 송나라에서 유학하고 돌아와 교종 중심의 해동 천태종을 세웠다(1097).
⑤ 거란은 소손녕을 앞세우고 고려를 침입했는데, 이때 고려의 서희가 외교 담판으로 강동 6주의 영유권을 획득하고 압록강 주변까지 영토를 넓혔다(993).

25

제시된 사료는 신돈이 권력을 잡은 후 죽는 내용으로, 밑줄 친 왕은 고려 공민왕이다.
국자감을 성균관으로 개편한 것은 충렬왕 때이다.

오답분석

① 1352년 무신 정권기에 설치된 정방을 폐지하였다.
② 1356년 무력으로 원에 빼앗겼던 쌍성총관부를 수복하였다.
③ 1356년 원의 연호를 폐지하고, 관제를 복구하였으며 몽고풍을 폐지하는 등 반원 자주 정책을 펼쳤다.
④ 1356년 원의 고려 내정 간섭 기구인 정동행성 중서성 이문소를 폐지하였다.

MEMO

코레일네트웍스 필기전형 답안카드

성 명

지원 분야

문제지 형별기재란

( )형 Ⓐ Ⓑ

수험번호

	⓪	①	②	③	④	⑤	⑥	⑦	⑧	⑨
⓪	①	②	③	④	⑤	⑥	⑦	⑧	⑨
⓪	①	②	③	④	⑤	⑥	⑦	⑧	⑨
⓪	①	②	③	④	⑤	⑥	⑦	⑧	⑨
⓪	①	②	③	④	⑤	⑥	⑦	⑧	⑨
⓪	①	②	③	④	⑤	⑥	⑦	⑧	⑨
⓪	①	②	③	④	⑤	⑥	⑦	⑧	⑨

감독위원 확인

(인)

문항	①	②	③	④	⑤	문항	①	②	③	④	⑤
1	①	②	③	④	⑤	21	①	②	③	④	⑤
2	①	②	③	④	⑤	22	①	②	③	④	⑤
3	①	②	③	④	⑤	23	①	②	③	④	⑤
4	①	②	③	④	⑤	24	①	②	③	④	⑤
5	①	②	③	④	⑤	25	①	②	③	④	⑤
6	①	②	③	④	⑤						
7	①	②	③	④	⑤						
8	①	②	③	④	⑤						
9	①	②	③	④	⑤						
10	①	②	③	④	⑤						
11	①	②	③	④	⑤						
12	①	②	③	④	⑤						
13	①	②	③	④	⑤						
14	①	②	③	④	⑤						
15	①	②	③	④	⑤						
16	①	②	③	④	⑤						
17	①	②	③	④	⑤						
18	①	②	③	④	⑤						
19	①	②	③	④	⑤						
20	①	②	③	④	⑤						

코레일네트웍스 필기전형 답안카드

성 명	

지원 분야	

문제지 형별기재란	Ⓐ Ⓑ
( )형	

수 험 번 호
⓪ ① ② ③ ④ ⑤ ⑥ ⑦ ⑧ ⑨
⓪ ① ② ③ ④ ⑤ ⑥ ⑦ ⑧ ⑨
⓪ ① ② ③ ④ ⑤ ⑥ ⑦ ⑧ ⑨
⓪ ① ② ③ ④ ⑤ ⑥ ⑦ ⑧ ⑨
⓪ ① ② ③ ④ ⑤ ⑥ ⑦ ⑧ ⑨
⓪ ① ② ③ ④ ⑤ ⑥ ⑦ ⑧ ⑨
⓪ ① ② ③ ④ ⑤ ⑥ ⑦ ⑧ ⑨

감독위원 확인
㉑

1	① ② ③ ④ ⑤
2	① ② ③ ④ ⑤
3	① ② ③ ④ ⑤
4	① ② ③ ④ ⑤
5	① ② ③ ④ ⑤
6	① ② ③ ④ ⑤
7	① ② ③ ④ ⑤
8	① ② ③ ④ ⑤
9	① ② ③ ④ ⑤
10	① ② ③ ④ ⑤
11	① ② ③ ④ ⑤
12	① ② ③ ④ ⑤
13	① ② ③ ④ ⑤
14	① ② ③ ④ ⑤
15	① ② ③ ④ ⑤
16	① ② ③ ④ ⑤
17	① ② ③ ④ ⑤
18	① ② ③ ④ ⑤
19	① ② ③ ④ ⑤
20	① ② ③ ④ ⑤

21	① ② ③ ④ ⑤
22	① ② ③ ④ ⑤
23	① ② ③ ④ ⑤
24	① ② ③ ④ ⑤
25	① ② ③ ④ ⑤

코레일네트웍스 필기전형 답안카드

문제지 형별기재란

( )형   Ⓐ
          Ⓑ

수험번호

	⓪	①	②	③	④	⑤	⑥	⑦	⑧	⑨
	⓪	①	②	③	④	⑤	⑥	⑦	⑧	⑨
	⓪	①	②	③	④	⑤	⑥	⑦	⑧	⑨
	⓪	①	②	③	④	⑤	⑥	⑦	⑧	⑨
	⓪	①	②	③	④	⑤	⑥	⑦	⑧	⑨
	⓪	①	②	③	④	⑤	⑥	⑦	⑧	⑨
	⓪	①	②	③	④	⑤	⑥	⑦	⑧	⑨

감독위원 확인

(인)

문번	①	②	③	④	⑤		문번	①	②	③	④	⑤
1	①	②	③	④	⑤		21	①	②	③	④	⑤
2	①	②	③	④	⑤		22	①	②	③	④	⑤
3	①	②	③	④	⑤		23	①	②	③	④	⑤
4	①	②	③	④	⑤		24	①	②	③	④	⑤
5	①	②	③	④	⑤		25	①	②	③	④	⑤
6	①	②	③	④	⑤							
7	①	②	③	④	⑤							
8	①	②	③	④	⑤							
9	①	②	③	④	⑤							
10	①	②	③	④	⑤							
11	①	②	③	④	⑤							
12	①	②	③	④	⑤							
13	①	②	③	④	⑤							
14	①	②	③	④	⑤							
15	①	②	③	④	⑤							
16	①	②	③	④	⑤							
17	①	②	③	④	⑤							
18	①	②	③	④	⑤							
19	①	②	③	④	⑤							
20	①	②	③	④	⑤							

※ 본 답안카드는 마킹연습용 모의 답안지입니다.

코레일네트웍스 필기전형 답안카드

성 명	

지원분야	

문제지 형별기재란	Ⓐ Ⓑ
( )형	

수험번호	⓪ ① ② ③ ④ ⑤ ⑥ ⑦ ⑧ ⑨
	⓪ ① ② ③ ④ ⑤ ⑥ ⑦ ⑧ ⑨
	⓪ ① ② ③ ④ ⑤ ⑥ ⑦ ⑧ ⑨
	⓪ ① ② ③ ④ ⑤ ⑥ ⑦ ⑧ ⑨
	⓪ ① ② ③ ④ ⑤ ⑥ ⑦ ⑧ ⑨
	⓪ ① ② ③ ④ ⑤ ⑥ ⑦ ⑧ ⑨
	⓪ ① ② ③ ④ ⑤ ⑥ ⑦ ⑧ ⑨
	⓪ ① ② ③ ④ ⑤ ⑥ ⑦ ⑧ ⑨

감독위원 확인	
(인)	

번호	답란		번호	답란
1	① ② ③ ④ ⑤		21	① ② ③ ④ ⑤
2	① ② ③ ④ ⑤		22	① ② ③ ④ ⑤
3	① ② ③ ④ ⑤		23	① ② ③ ④ ⑤
4	① ② ③ ④ ⑤		24	① ② ③ ④ ⑤
5	① ② ③ ④ ⑤		25	① ② ③ ④ ⑤
6	① ② ③ ④ ⑤			
7	① ② ③ ④ ⑤			
8	① ② ③ ④ ⑤			
9	① ② ③ ④ ⑤			
10	① ② ③ ④ ⑤			
11	① ② ③ ④ ⑤			
12	① ② ③ ④ ⑤			
13	① ② ③ ④ ⑤			
14	① ② ③ ④ ⑤			
15	① ② ③ ④ ⑤			
16	① ② ③ ④ ⑤			
17	① ② ③ ④ ⑤			
18	① ② ③ ④ ⑤			
19	① ② ③ ④ ⑤			
20	① ② ③ ④ ⑤			

코레일네트웍스 필기전형 답안카드

성 명

지원 분야

문제지 형별기재란

( )형   Ⓐ Ⓑ

수험번호

⓪	①	②	③	④	⑤	⑥	⑦	⑧	⑨
⓪	①	②	③	④	⑤	⑥	⑦	⑧	⑨
⓪	①	②	③	④	⑤	⑥	⑦	⑧	⑨
⓪	①	②	③	④	⑤	⑥	⑦	⑧	⑨
⓪	①	②	③	④	⑤	⑥	⑦	⑧	⑨
⓪	①	②	③	④	⑤	⑥	⑦	⑧	⑨
⓪	①	②	③	④	⑤	⑥	⑦	⑧	⑨

감독위원 확인

(인)

1	① ② ③ ④ ⑤	21	① ② ③ ④ ⑤
2	① ② ③ ④ ⑤	22	① ② ③ ④ ⑤
3	① ② ③ ④ ⑤	23	① ② ③ ④ ⑤
4	① ② ③ ④ ⑤	24	① ② ③ ④ ⑤
5	① ② ③ ④ ⑤	25	① ② ③ ④ ⑤
6	① ② ③ ④ ⑤		
7	① ② ③ ④ ⑤		
8	① ② ③ ④ ⑤		
9	① ② ③ ④ ⑤		
10	① ② ③ ④ ⑤		
11	① ② ③ ④ ⑤		
12	① ② ③ ④ ⑤		
13	① ② ③ ④ ⑤		
14	① ② ③ ④ ⑤		
15	① ② ③ ④ ⑤		
16	① ② ③ ④ ⑤		
17	① ② ③ ④ ⑤		
18	① ② ③ ④ ⑤		
19	① ② ③ ④ ⑤		
20	① ② ③ ④ ⑤		

※ 본 답안카드는 마킹연습용 모의 답안지입니다.

코레일네트웍스 필기전형 답안카드

1	①	②	③	④	⑤		21	①	②	③	④	⑤		
2	①	②	③	④	⑤		22	①	②	③	④	⑤		
3	①	②	③	④	⑤		23	①	②	③	④	⑤		
4	①	②	③	④	⑤		24	①	②	③	④	⑤		
5	①	②	③	④	⑤		25	①	②	③	④	⑤		
6	①	②	③	④	⑤									
7	①	②	③	④	⑤									
8	①	②	③	④	⑤									
9	①	②	③	④	⑤									
10	①	②	③	④	⑤									
11	①	②	③	④	⑤									
12	①	②	③	④	⑤									
13	①	②	③	④	⑤									
14	①	②	③	④	⑤									
15	①	②	③	④	⑤									
16	①	②	③	④	⑤									
17	①	②	③	④	⑤									
18	①	②	③	④	⑤									
19	①	②	③	④	⑤									
20	①	②	③	④	⑤									

성 명

지원 분야

문제지 형별기재란
( )형 Ⓐ Ⓑ

수 험 번 호

⓪	①	②	③	④	⑤	⑥	⑦	⑧	⑨
⓪	①	②	③	④	⑤	⑥	⑦	⑧	⑨
⓪	①	②	③	④	⑤	⑥	⑦	⑧	⑨
⓪	①	②	③	④	⑤	⑥	⑦	⑧	⑨
⓪	①	②	③	④	⑤	⑥	⑦	⑧	⑨
⓪	①	②	③	④	⑤	⑥	⑦	⑧	⑨
⓪	①	②	③	④	⑤	⑥	⑦	⑧	⑨

감독위원 확인

인

코레일네트웍스 필기전형 답안카드

성 명	

지원 분야	

문제지 형별기재란	( )형 Ⓐ Ⓑ

수 험 번 호

⓪	⓪	⓪	⓪	⓪	⓪	⓪
①	①	①	①	①	①	①
②	②	②	②	②	②	②
③	③	③	③	③	③	③
④	④	④	④	④	④	④
⑤	⑤	⑤	⑤	⑤	⑤	⑤
⑥	⑥	⑥	⑥	⑥	⑥	⑥
⑦	⑦	⑦	⑦	⑦	⑦	⑦
⑧	⑧	⑧	⑧	⑧	⑧	⑧
⑨	⑨	⑨	⑨	⑨	⑨	⑨

감독위원 확인
(인)

1	① ② ③ ④ ⑤
2	① ② ③ ④ ⑤
3	① ② ③ ④ ⑤
4	① ② ③ ④ ⑤
5	① ② ③ ④ ⑤
6	① ② ③ ④ ⑤
7	① ② ③ ④ ⑤
8	① ② ③ ④ ⑤
9	① ② ③ ④ ⑤
10	① ② ③ ④ ⑤
11	① ② ③ ④ ⑤
12	① ② ③ ④ ⑤
13	① ② ③ ④ ⑤
14	① ② ③ ④ ⑤
15	① ② ③ ④ ⑤
16	① ② ③ ④ ⑤
17	① ② ③ ④ ⑤
18	① ② ③ ④ ⑤
19	① ② ③ ④ ⑤
20	① ② ③ ④ ⑤

21	① ② ③ ④ ⑤
22	① ② ③ ④ ⑤
23	① ② ③ ④ ⑤
24	① ② ③ ④ ⑤
25	① ② ③ ④ ⑤

코레일네트웍스 필기전형 답안카드

번호	답란		번호	답란
1	① ② ③ ④ ⑤		21	① ② ③ ④ ⑤
2	① ② ③ ④ ⑤		22	① ② ③ ④ ⑤
3	① ② ③ ④ ⑤		23	① ② ③ ④ ⑤
4	① ② ③ ④ ⑤		24	① ② ③ ④ ⑤
5	① ② ③ ④ ⑤		25	① ② ③ ④ ⑤
6	① ② ③ ④ ⑤			
7	① ② ③ ④ ⑤			
8	① ② ③ ④ ⑤			
9	① ② ③ ④ ⑤			
10	① ② ③ ④ ⑤			
11	① ② ③ ④ ⑤			
12	① ② ③ ④ ⑤			
13	① ② ③ ④ ⑤			
14	① ② ③ ④ ⑤			
15	① ② ③ ④ ⑤			
16	① ② ③ ④ ⑤			
17	① ② ③ ④ ⑤			
18	① ② ③ ④ ⑤			
19	① ② ③ ④ ⑤			
20	① ② ③ ④ ⑤			

성 명

지원분야

문제지 형별기재란

Ⓐ
Ⓑ

( ) 형

수 험 번 호

⓪ ① ② ③ ④ ⑤ ⑥ ⑦ ⑧ ⑨
⓪ ① ② ③ ④ ⑤ ⑥ ⑦ ⑧ ⑨
⓪ ① ② ③ ④ ⑤ ⑥ ⑦ ⑧ ⑨
⓪ ① ② ③ ④ ⑤ ⑥ ⑦ ⑧ ⑨
⓪ ① ② ③ ④ ⑤ ⑥ ⑦ ⑧ ⑨
⓪ ① ② ③ ④ ⑤ ⑥ ⑦ ⑧ ⑨
⓪ ① ② ③ ④ ⑤ ⑥ ⑦ ⑧ ⑨

감독위원 확인

(인)

2026 최신판 시대에듀 All-New 사이다 모의고사 코레일네트웍스 NCS + 전공

개정2판1쇄 발행	2025년 11월 20일 (인쇄 2025년 10월 22일)
초 판 발 행	2022년 12월 05일 (인쇄 2022년 11월 10일)
발 행 인	박영일
책 임 편 집	이해욱
편 저	SDC(Sidae Data Center)
편 집 진 행	여연주 · 김내원
표지디자인	조혜령
편집디자인	유가영 · 임창규
발 행 처	(주)시대고시기획
출 판 등 록	제10-1521호
주 소	서울시 마포구 큰우물로 75 [도화동 538 성지 B/D] 9F
전 화	1600-3600
팩 스	02-701-8823
홈 페 이 지	www.sdedu.co.kr

I S B N	979-11-434-0192-2 (13320)
정 가	18,000원

사~
이
다~

사일 동안
이것만 풀면
다 합격!

코레일네트웍스
NCS + 전공

기업별 맞춤 학습 "기본서" 시리즈

공기업 취업의 기초부터 심화까지! 합격의 문을 여는 Hidden Key!

기업별 시험 직전 마무리 "모의고사" 시리즈

실제 시험과 동일하게 마무리! 합격을 향한 Last Spurt!

NEXT STEP

시대에듀가 합격을 준비하는
당신에게 제안합니다.

성공의 기회
시대에듀를 잡으십시오.

시대에듀

기회란 포착되어 활용되기 전에는 기회인지조차 알 수 없는 것이다.
- 마크 트웨인 -